Walther Ziegler

# Epikur
## in 60 Minuten

AF220272

Dank an Rudolf Aichner für seine unermüdliche und kritische Redigierung,
Silke Ruthenberg für die feine Grafik, Angela Schumitz, Lydia Pointvogl, Eva Amberger,
Christiane Hüttner, Walburga Allgeier, Dr. Martin Engler für das Lektorat
und Dank an Prof. Guntram Knapp, der mich für die Philosophie begeistert hat.

Bibliografische Information der Deutschen Nationalbibliothek:
Die Deutsche Nationalbibliothek verzeichnet diese Publikation in der Deutschen
Nationalbibliografie; detaillierte bibliografische Daten sind im Internet über www.dnb.de
abrufbar.

© 2021 Dr. Walther Ziegler
Umschlaggestaltung und Grafik des gesamten Buches: Silke Ruthenberg
unter Verwendung von Illustrationen von:
Raphael Bräsecke, Creactive – Atelier für Werbung, Comic & Illustration (Zeichnungen)
© JackF - Fotolia.com (Bilderrahmen)
© Valerie Potapova - Fotolia.com (Bilderrahmen)
© Svetlana Gryankina - Fotolia.com (Sprechblasen)
Herstellung und Verlag:
BoD – Books on Demand, Norderstedt

ISBN 978-3-7543-5138-3

# Inhalt

6

# Epikurs große Entdeckung

Epikur (341-270 v.Chr.) ist neben Platon und Aristoteles einer der großen, charismatischen Philosophen der Antike. Er gehört zu jenen Denkern, deren Kerngedanke über Jahrtausende lebendig geblieben ist. Ähnlich wie das Wort „stoisch" seit über zweitausend Jahren Menschen charakterisiert, die in bewegenden Momenten gleichmütig und gelassen bleiben, spricht man heute noch von „Epikureern" oder „Hedonisten", wenn sich jemand offen zu einem genussorientierten Lebensstil bekennt. Lust heißt auf Griechisch „Hedoné". Und Epikur ist der Begründer des sogenannten Hedonismus. Nicht wenige Menschen bezeichnen sich heutzutage selbst als „Hedonisten".

Tatsächlich war Epikur der Vordenker des Lustprinzips. Es lautet schlicht und einfach: ‚Lustgewinn suchen – Unlust vermeiden!' Epikurs Kerngedanke ist zunächst von bestechender Klarheit. Die Natur selbst würde den Menschen bei ihrer Geburt einen inneren Kompass an die Hand geben, mit dem sie ein glückliches Leben führen könnten – eine Art intuitiven Wegweiser, der uns bei großen und kleinen Entscheidungen zur Seite steht. Um glücklich zu werden, so Epikur, müsse der Mensch einfach nur das tun, was ihm Lust und Freude bereitet und umgekehrt Unlust sowie Schmerz vermeiden:

> [...] die Lust ist [...] Ursprung und Ziel des glückseligen Lebens. Denn sie haben wir als erstes und angeborenes Gut erkannt, und von ihr aus beginnen wir mit jedem Wählen und Meiden, [...] indem wir [...] ein jedes Gut beurteilen.[2]

Doch diese – auf den ersten Blick so selbstverständlich klingende – Entdeckung von Epikur wird bereits von seinen Zeitgenossen als ungeheure Provokation empfunden. Die Lusterfüllung als oberstes Ziel des Lebens steht nämlich in krassem Gegensatz zu den damals etablierten Lehren von Platon, Aristoteles und den Stoikern. Diese preisen nämlich seit jeher die Vernunft und das vernunftgemäße Leben als oberstes Ziel an. Jetzt kommt dieser Epikur und behauptet, das höchste Gut der Menschen sei gar nicht ihre Vernunft, sondern ihr Leib, ihre Sinnlichkeit und Lust. Nicht das moralisch hochstehende Denken, sondern umgekehrt niedrige Triebe und Bedürfnisse wie Essen, Trinken und Sexualität weisen uns im Leben den richtigen Weg. Glücklich, so Epikurs radikale These, werden die Menschen nur dann, wenn sie sich nicht länger als tugendhafte Geistwesen stilisieren, sondern sich ehrlich zu ihrer Lust und ihren Bedürfnissen bekennen. Die Lust, so Epikur, sei letztlich ein so hohes und unverzichtbares Gut, dass es sich ohne sie nicht zu leben lohne:

> Ich wüßte nicht, was ich mir überhaupt noch als ein Gut vorstellen kann, wenn ich mir die Lust am Essen und Trinken wegdenke, wenn ich die Liebesgenüsse verabschiede und wenn ich nicht mehr meine Freude haben soll an dem Anhören von Musik und dem Anschauen schöner Kunstgestaltungen.[3]

Im direkten Gegensatz zu Platon und den Stoikern stellt Epikur also an Stelle des Geistes den Leib in den Mittelpunkt seiner Philosophie. Ausgehend von den leiblichen Genüssen entwickelt er ein philosophisches Gesamtkonzept des ‚guten Lebens'. Sogar die Moral und die Sittlichkeit ordnet er dem Lustprinzip unter. Platon, Aristoteles und die Stoiker seien verblendete ‚Vernunftanbeter'. Sie würden das Ziel des Lebens völlig verkennen und sich nur noch der Bewunderung des sittlich Schönen hingeben. Das, so Epikur, sei völlig falsch:

Ich spucke auf das Sittlich-Schöne und auf jene, die es ohne Grund bewundern, wenn es keine Lust erzeugt.[4]

Epikur positioniert sich also leidenschaftlich gegen die im klassischen Griechenland vorherrschende Ethik, wonach das gute Leben nur darin besteht, Kardinaltugenden wie Mut, Tapferkeit und Klugheit zu verwirklichen:

Ich aber rufe zu fortdauernden Lustempfindungen auf und nicht zu sinnlosen
und nichtssagenden Tugenden [...].[5]

Auch weist Epikur darauf hin, dass die Athener Bür-
ger mitsamt ihrem Moralkodex unehrlich wären.
Sie würden nämlich immer nur das zu einer hohen
moralischen Tugend erheben, was ihnen gerade den
größtmöglichen Vorteil verschaffe. Wenn beispielsweise ein athletisch muskulöser Faustkämpfer den
Mut und die Tapferkeit als höchste Tugend anprei-
se, verberge sich dahinter am Ende doch auch wieder
nur eine Lust – und zwar in diesem Fall – die Lust am
Triumph:

Die Tugenden wählt man
wegen der Lust, nicht
wegen ihrer selbst [...].[6]

Mit dieser Polemik gegen die klassische Tugendlehre macht sich Epikur in Athen viele Feinde. Weil er zudem auch Frauen in seine Schule aufnimmt und mit einer von ihnen, der gebildeten Hetäre Leontion, genannt das ,Löwchen', ein Liebesverhältnis hat, wird er bereits von seinen Zeitgenossen als ,Vielfraß' und ,Sittenstrolch' verleumdet. Der griechische Dichter Timon charakterisiert ihn als ,hündisch und säuisch', der Stoiker Epiktet als ,Wüstling'. Im Christentum wird er später sogar zum Feind der Menschheit erklärt. Epikur, so die Scholastiker, sei der ,Antichrist'. Er glaube nicht an Gott und ergötze sich an animalischen Trieben.

Die Provokation, die damals von Epikurs Empfehlung des Lustprinzips ausgeht, findet ihren äußeren Ausdruck bereits in der Namensgebung seiner Schule. Sie heißt schlicht und einfach ,Kepos', also aus dem Griechischen übersetzt, ,Garten'. Und tatsächlich unterrichtet Epikur seine Schülerinnen und Schüler in einem Garten. Im Unterschied zu Platons ,Akademie', Aristoteles' ,Lykeion' (Gymnasium) und Zenons ,Stoa' (Säulenhalle), treffen sich die Schützlinge von Epikur nicht in einem massiven Steingebäude, sondern unter freiem Himmel. Sie lernen und diskutieren im Schatten der Bäume. In Epikurs ,Klassenzimmer' sollte alles sprießen und sich frei entfalten können, ganz so, wie es der Natur gefällt. Epikur hatte das Gartengrundstück zusammen mit einem kleinen Wohnhaus erworben und kurzerhand zur Schule erklärt. Nach den Akademien von Platon, Aristoteles und den Stoikern war es die vierte und letzte große Philosophenschule in Athen. Sie überdauerte die Jahrhunderte und wirkte weit über Griechenland hinaus im gesamten Römischen Reich.

Die eigentliche Bedeutung Epikurs besteht aber darin, dass er als Erster eine umfassende materialistische und universale Lebensphilosophie entwickelt hat, die alle Bereiche des menschschlichen Daseins abdeckt.[7] So übernimmt er beispielsweise die Atomlehre von Demokrit, wonach letztlich auch der Mensch nur aus Atomen besteht, die bei seinem Tod wieder auseinanderfallen. Mit Hilfe der Lehre von den Atomen will er den Menschen von Aberglauben, Heilsversprechen und Ängsten vor göttlicher Strafe befreien – eine seinerzeit regelrecht provokative Sichtweise. Statt sich auf die Zeit nach dem Tod vorzubereiten, sollte jeder im Hier und Jetzt seinen Weg zu einem glücklichen Leben suchen. Dazu muss sich der Mensch, so Epikur, im Grunde genommen nur von einer ihm angeborenen Regung führen lassen – der Lust:

Daß die Lust das Lebensziel ist, wird dadurch bewiesen, daß die Lebewesen von Geburt an Gefallen an ihr finden, dagegen dem Schmerz von Natur und unbewußt sich widersetzen.[8]

Das Lustprinzip ist also ein Stück weit selbstregulativ und führt die Menschen intuitiv auf den richtigen Weg. Doch auch Epikurs hedonistische Philosophie kommt nicht völlig ohne Vernunft aus. Er muss nämlich zugestehen, dass nicht jede Lust und jeder Genuss langfristig glücklich machen. So kann beispielsweise schon ein zu intensiver Genuss von Kuchen zu Bauchschmerzen und Übelkeit führen. Auch ein unmäßiger Konsum von Rauschmitteln wie Rotwein kann im Nachhinein Schmerz und große Unlust erzeugen:

Keine Lust ist an sich ein Übel. Aber das, was bestimmte Lustempfindungen erzeugt, zieht Störungen nach sich, die um ein vielfaches größer sind als die Lustgefühle.[9]

Wenn wir also bereits wissen, dass wir den Genuss hinterher büßen müssen, kann es durchaus sinnvoll sein, sich auch mal gegen eine momentane Lust zu entscheiden:

An alle Begierden richte man diese Frage: Was wird mir geschehen, wenn das erfüllt wird, was die Begierde erstrebt, und was, wenn es nicht erfüllt wird?[10]

Und hier kommt auch bei Epikur die zuvor viel geschmähte Vernunft wieder ins Spiel. Vernunftentscheidungen zur Kontrolle der Lust sind nämlich durchaus sinnvoll, wenn sie dem gesunden Leben dienen. Denn, so Epikurs Fazit: Erfolgreich genießen, heißt klug genießen! Die totale Ausschweifung wäre ebenso kontraproduktiv wie die Askese. Auch die Beziehungen zu anderen Menschen können nicht einfach der Lustmaximierung überlassen werden. Wenn man vermeiden will, andere aus egoistischer Lust heraus zu verletzen oder zu schädigen, muss man Regeln des Zusammenlebens finden. Allerdings sieht Epikur die Vernunft dabei nur als zusätzliches Hilfsmittel, als eine Art ergänzende Entscheidungshilfe. Wir können, so Epikur, zu anderen Menschen ohnehin nicht über längere Zeit ungerecht oder verletzend sein, da uns dies keine Freude bereitet, sondern im Gegenteil, Unlust und Mitleid. Lust und Gerechtigkeit, so Epikur, sind demnach von Natur aus miteinander verbunden:

Es ist unmöglich, lustvoll zu leben, wenn man nicht vernünftig [...]

und gerecht lebt. Umgekehrt kann man auch nicht vernünftig [...] und gerecht leben, ohne lustvoll zu leben.[11]

Epikur war also letztlich weit davon entfernt, ein ‚Wüstling' zu sein, der nur das rauschhafte Vergnügen sucht:

Wenn wir also sagen, die Lust sei das Ziel, meinen wir damit nicht die Lüste der Hemmungslosen, [...] wie einige [...] annehmen, sondern: weder Schmerz im Körper, noch Erschütterung in der Seele zu empfinden.[12]

Lustgewinn als Ziel des Lebens ist für Epikur in letzter Konsequenz die Vermeidung von seelischer Erschütterung. Jenseits eines nur oberflächlichen Genussstrebens geht es ihm um die lebenslange und sorgsame Pflege des Selbst. Allerdings müssen dabei eben auch die sinnlichen Anteile unserer Existenz berücksichtigt werden. Epikur entwickelte vor gut 2300 Jahren in der Antike ein erstes ganzheitliches Konzept der gesunden Lebensführung. Seine Fragestellungen sind brandaktuell.

Welches sind die fundamentalen Bedürfnisse, deren Erfüllung zu einem glücklichen Leben führen? Welche Bedürfnisse sind lebensnotwendig und welche nicht? Wie sollen wir mit ihnen konkret umgehen, etwa mit Essen, Trinken, Sexualität und Freundschaft? Und – warum sind für Epikur von den fünf fundamentalen Bedürfnissen nicht Essen, Trinken oder Sexualität am wichtigsten, sondern ausgerechnet Freundschaft und Philosophie?

Epikurs Antworten ergeben nicht nur eine universale Philosophie, sondern darüber hinaus eine Anleitung für ein glückliches Leben – eine Lebenskunst.

# Epikurs Kerngedanke

## Die fünf Quellen der Lust – Essen, Trinken, Sexualität, Freundschaft und Philosophie

Epikur nennt uns ganz konkret fünf Quellen der Lust, die wir befriedigen müssen, um ein gutes Leben zu führen. Die erste Quelle der Lust ist das Essen:

Der Anfang und die Wurzel alles Guten ist die Lust des Bauches. Denn auch die gelehrten und hochgestochenen Dinge beziehen sich auf sie zurück.[13]

„In einem gesunden Körper steckt ein gesunder Geist" und „Liebe geht durch den Magen", heißt es in alten Sprichwörtern. Deshalb ist es wichtig, dem Essen und Trinken eine gewisse Sorgfalt zukommen zu lassen. Allerdings können auch ganz einfache Speisen wie Suppen einen großen Genuss erzeugen.

Wenn man beispielsweise eine Zeit lang Mangel gelitten hat, weiß man den Wert der Speisen erst wieder richtig zu schätzen. In einem Brief an seinen Freund Anaxarchos schreibt Epikur sogar:

Ich quelle in meinem Körperchen über vor Lust, wenn ich Wasser und Brot zu mir nehme [...].[14]

Entscheidend ist für Epikur also weniger die Reichhaltigkeit und Vielfalt der Speisen als die achtsame Haltung, mit der man sie zu sich nimmt. Nur Menschen, die nicht in sich selbst ruhen, benötigen ständig neue kulinarische Sensationen und eine immer üppigere Tafel:

Die Undankbarkeit der Seele macht das Lebewesen unendlich begierig auf Vielfalt der Speisen.[15]

Allerdings war auch Epikur gegenüber Rotwein und Fisch nicht abgeneigt, betont aber gleichzeitig, dass wir solche Genüsse nur dann zu schätzen wissen, wenn wir sie nicht immer haben. Neben Essen und Trinken ist die Sexualität das dritte Grundbedürfnis, das wir zum Erreichen des Glücks in bestimmtem Maße befriedigen sollen. Epikur sieht in der „Fleischeslust", wie er sie nennt, an sich etwas Gutes, das gelebt werden darf und gelebt werden soll. Auch gibt es für die Sexualität keine feste Obergrenze. Als Epikur von einem Sexsüchtigen, der mehrmals am Tag seine Lust befriedigen muss, um Rat gefragt wird, ob er das denn guten Gewissens weiterhin so praktizieren könne, lautet seine Antwort:

Ich habe vernommen, daß bei dir die Bewegung des Fleisches nach dem Genusse der Liebe besonders heftig drängt. Wenn du nun den Gesetzen nicht

zuwiderhandelst, die gute gegebene Sitte nicht verletzest, keinen von deinen Nächsten betrübst, das Fleisch nicht aufreibst und das zum Leben Notwendige nicht verbrauchst, dann folge deinem Wunsche, wie du willst.[16]

Man kann also der Fleischeslust durchaus in beliebiger Häufigkeit nachgehen, allerdings darf die eigene Befriedigung anderen keine Unlust bereiten, also nicht auf Kosten unserer Nächsten erfolgen. Ferner soll sie nicht gegen Gesetze und Sitten verstoßen oder der eigenen Gesundheit abträglich sein. Auch darf sie, falls man Hetären für Liebesdienste entlohnt oder zum Essen einlädt, nicht mit Kosten verbunden sein, die das zum Leben Notwendige gefährden. Nimmt man das alles zusammen, ergibt sich doch wieder ein sorgfältiger Umgang mit der Sexualität an Stelle unkontrollierter Ausschweifung. Generell sieht Epikur die Sexualität als etwas Schönes an, aber keineswegs als zentrale oder gar lebensnotwendige Lust. Selbst wenn man sich verliebt und meint, einen anderen Menschen für immer und ewig zu begehren und zu lieben, ist dies oft nur ein flüchtiges, keinesfalls aber notwendiges Bedürfnis. Epikur verweist hier auf die alte Volksweisheit „aus den Augen, aus dem Sinn":

Wenn man einander nicht sehen, nicht miteinander verkehren und nicht zusammen sein kann, schwindet die Liebesleidenschaft.[17]

Unsere Sexualität und unsere erotischen Bedürfnisse sind also flüchtig und ohne Konstanz. Das Auf und Ab in der Liebe ist unvermeidbar. Nur wenige Menschen können sich ein Leben lang einer erfüllten Sexualität erfreuen. Ganz anders ist dies bei der vierten Quelle der Lust, der Freundschaft. Gute Freunde oder Freundinnen, so Epikur, sind nämlich auch dann für uns da, wenn die anderen Quellen der Lust über kurze oder längere Zeit versiegen. Bei beruflichen Sorgen oder Beziehungsproblemen hört man sich zu, tröstet sich und steht dem Anderen bei. Dabei ist das Wesen der Freundschaft, wie Epikur psychologisch scharf beobachtet, gar nicht unbedingt die ständige und durchgehende gegenseitige Hilfeleistung, sondern allein schon die Gewissheit, dass der Freund da wäre, wenn er gebraucht würde:

Wir betrachten als Hilfe nicht so sehr die Hilfe unserer Freunde als das Vertrauen auf ihre Hilfe.[18]

Freundschaftlicher Beistand und die Gewissheit, dass man gute Freunde hat, sind eine große und unverzichtbare Konstanz im Leben. Freunde helfen sich vorbehaltlos. Mag am Ausgangspunkt der Freundschaft vielleicht noch der gegenseitige Austausch von Gefälligkeiten und somit der Nutzen gestanden haben, so geht sie danach doch weit darüber hinaus:

Jede Freundschaft ist um ihrer selbst willen zu wählen.[19]

Die Freundschaft gehört zwar nicht zu den für das Überleben notwendigen Bedürfnissen wie das Essen und Trinken. Für ein glückliches Leben aber – und das ist für Epikur das oberste Ziel – ist sie von entscheidender Bedeutung:

Man muß eher prüfen, mit wem man ißt und trinkt, als was man ißt und trinkt.[20]

Wichtig ist also nicht „was man isst, sondern mit wem", zum Beispiel mit Freunden oder Freundinnen. Es gibt von Epikur noch eine ganze Reihe wertschätzender Aussagen zur Freundschaft. Sie bildet ohne Zweifel das größte Gut, das wir erlangen können. Auch er selbst hatte ein Leben lang gute Freunde. So verwundert es nicht, dass er die Freundschaft als Meilenstein auf dem Weg zu einem glücklichen Leben sieht und als ‚Erwachen' aus dem Alltagstrott:

Die Freundschaft tanzt um die Welt und fordert uns alle auf, aufzuwachen zum Preis der Glückseligkeit.[21]

Die letzte der fünf großen Quellen der Lust ist für Epikur die Philosophie. Sie hat im Vergleich zu allen anderen Lüsten eine Sonderrolle:

Bei den sonstigen Beschäftigungen stellt sich der Ertrag bestenfalls erst ein, wenn sie zu Ende geführt sind.[22]

Wenn wir beispielsweise Hunger haben, Zutaten einkaufen, ein Essen zubereiten und den Tisch decken, dann stellt sich die eigentliche Befriedigung erst am Ende, also beim tatsächlichen Verzehr der Speise ein:

Bei der Philosophie dagegen ist die Erkenntnis unmittelbar von Freude begleitet. Denn der Genuß erfolgt nicht erst nach dem Lernen, sondern Lernen und Genuß sind gleichzeitig.[23]

Beim Philosophieren stellt sich sozusagen ein unmittelbarer Genuss ein. Für die Philosophie gibt es daher auch keine zeitliche Präferenz:

Weder soll, wer noch ein Jüngling ist, zögern zu philosophieren, noch soll, wer schon ein Greis geworden, ermatten im Philosophieren. Denn weder

ist jemand zu unerwachsen, noch bereits erwachsen im Blick auf das, was in der Seele gesunden läßt.[24]

Vor allem aber perfektioniert die Philosophie das Lustprinzip. Denn sie lenkt die Lust in die richtigen Bahnen und ermöglicht uns ein Leben lang den freudvollen Umgang mit unseren Bedürfnissen. Insofern dient die Philosophie der Gesundheit. Dies ist sogar, wenn man sie ernsthaft betreibt, ihre eigentliche Aufgabe:

Man soll nicht so tun, als ob man philosophiere, sondern wirklich philosophieren. Denn was wir brauchen, ist nicht der Schein der Gesundheit, sondern wirkliche Gesundheit.[25]

Fazit: Betrachtet man die fünf Quellen der Lust, also das Essen, Trinken, die Sexualität, die Freundschaft und die Philosophie, dann sind für Epikur interessanterweise die letzteren beiden am wichtigsten:

Der edle Mensch kümmert sich am meisten um Weisheit und Freundschaft.[26]

Dabei steht die Weisheit für den glückbringenden Umgang mit den Bedürfnissen, die Freundschaft für die verlässliche gegenseitige Anteilnahme an den Höhen und Tiefen des Lebens.

# Richtig genießen heißt klug genießen – der philosophische Umgang mit der Lust

Epikurs Hedonismus wird von der Antike bis heute mit dem volkstümlichen Motto „Wein, Weib und Gesang" in Verbindung gebracht. Doch das, so sagt Epikur selbst, verkürze und entstelle seine Philosophie:

> [...] nicht Trinkgelage und aneinandergereihte Umzüge, auch nicht das Genießen von Knaben und Frauen, von Fischen und allem übrigen, was eine aufwendige Tafel bietet, erzeugen das lustvolle Leben, sondern ein nüchterner Verstand [...].[27]

Wahre Lust bedarf also des ‚nüchternen Verstandes' und das heißt im Klartext, eines überlegten Umgangs mit der Lust. Wie aber sieht dieser Umgang aus? Hierzu unterscheidet Epikur zunächst einmal zwei Arten von Begierden, die notwendigen und die nicht notwendigen:

> Alle Begierden, die, wenn sie nicht befriedigt werden, keinen Schmerz verursachen, gehören nicht zu den notwendigen, lassen sich vielmehr leicht abstellen [...].[28]

Die Sexualität beispielsweise hinterlässt, wenn sie nicht befriedigt wird, keinen Schmerz. Also gehört sie nicht zu den notwendigen Begierden und kann gegebenenfalls ‚abgestellt‘ werden. Anders sieht es beim Essen und Trinken aus. Die Lust auf Nahrungsaufnahme gehört zu den notwendigen Begierden, die wir ein Stück weit befriedigen müssen, um nicht schmerzlich an Hunger und Durst zu leiden. Über die nicht notwendigen Bedürfnisse können wir völlig frei entscheiden. Aber sogar hinsichtlich Essen und Trinken haben wir eine gewisse Entscheidungsfreiheit:

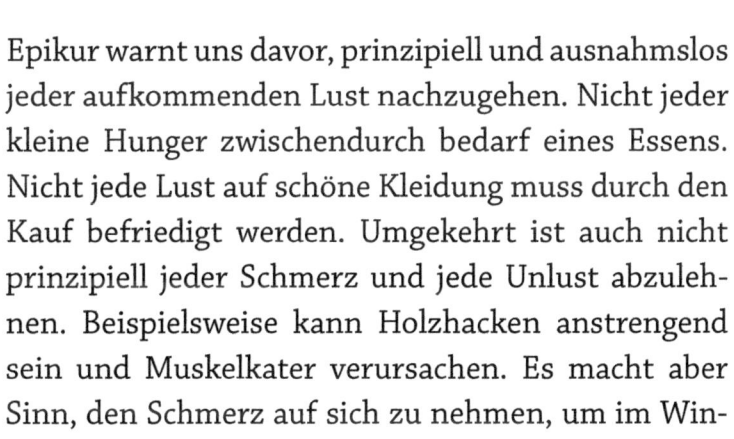

Man muss nicht darüber nachdenken, wie man sich etwas Notwendiges beschaffen könne, sondern eher wie wir [...] leben können, ohne es uns zu beschaffen.[29]

Epikur warnt uns davor, prinzipiell und ausnahmslos jeder aufkommenden Lust nachzugehen. Nicht jeder kleine Hunger zwischendurch bedarf eines Essens. Nicht jede Lust auf schöne Kleidung muss durch den Kauf befriedigt werden. Umgekehrt ist auch nicht prinzipiell jeder Schmerz und jede Unlust abzulehnen. Beispielsweise kann Holzhacken anstrengend sein und Muskelkater verursachen. Es macht aber Sinn, den Schmerz auf sich zu nehmen, um im Winter nicht zu frieren:

Jede Lust nun ist, weil sie etwas von Natur aus Angemessenes ist, ein Gut, doch nicht jede auch ein Gegenstand unserer Wahl, wie auch jeder Schmerz ein Übel ist, ohne daß jeder unter allen Umständen zu meiden wäre. Nur durch genaue Vergleichung und durch Beachtung des

Zuträglichen und Unzuträglichen kann alles dies beurteilt werden. Denn zu gewissen Zeiten erweist sich das Gute für uns als Übel und umgekehrt das Übel als ein Gut.[30]

Epikur empfiehlt uns also zu vergleichen und eine hedonistische Nutzen-Schaden-Abwägung vorzunehmen. Eine ungebremste Lustmaximierung kann sich schnell erschöpfen. Wer täglich sein Lieblingsgericht isst, wird dessen bald überdrüssig werden. Und umgekehrt wird derjenige, der jede kleine Arbeit scheut, Gefahr laufen, später umso mehr arbeiten zu müssen. Epikur empfiehlt uns, mit unserer Veranlagung und unseren Bedürfnissen in einen lebendigen Dialog zu kommen:

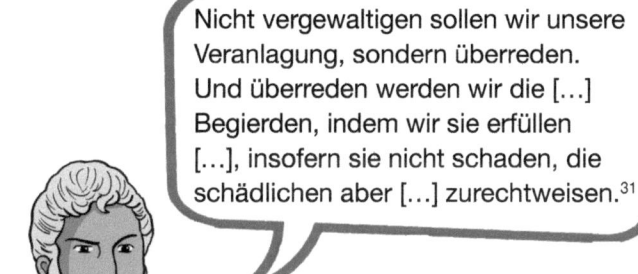

Nicht vergewaltigen sollen wir unsere Veranlagung, sondern überreden. Und überreden werden wir die [...] Begierden, indem wir sie erfüllen [...], insofern sie nicht schaden, die schädlichen aber [...] zurechtweisen.[31]

Gerade in der Bescheidenheit liege, so Epikur, das Geheimnis des größten Genusses:

Wir halten auch die Selbstgenügsamkeit für ein großes Gut, nicht um uns in jedem Falle mit Wenigem zu begnügen, sondern [...] in der echten Überzeugung, daß

jene den Überfluß am süßesten genießen, die seiner am wenigsten bedürfen, und daß alles Naturgemäße leicht, das Sinnlose aber schwer zu beschaffen ist, und daß bescheidene Suppen ebensoviel Lust erzeugen wie ein üppiges Mahl [...]

und daß Wasser und Brot die höchste Lust zu verschaffen vermögen, wenn einer sie aus Bedürfnis zu sich nimmt.[32]

Hier kann jeder von uns die Probe aufs Exempel machen. Wenn wir uns an besonders lustvoll erlebte Genüsse erinnern, dann sind es meist solche, die wir nach einer Zeit der Entbehrung oder des Mangels erlebt haben. Epikur empfiehlt deshalb die Mäßigung, um den Genuss zu erhöhen. Aber, so entgegneten ihm schon damals einige Zeitgenossen, der Hang zu ausschweifendem Essen und Weinkonsum sei doch etwas ganz Natürliches, denn er wäre in der Unersättlichkeit des Bauches bereits angelegt. Dem widerspricht Epikur energisch:

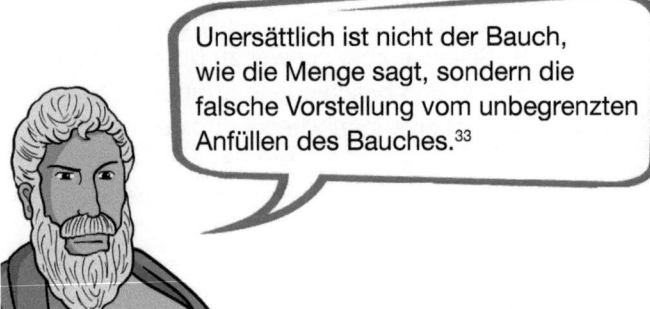

Unersättlich ist nicht der Bauch, wie die Menge sagt, sondern die falsche Vorstellung vom unbegrenzten Anfüllen des Bauches.[33]

Epikur selbst lebte tatsächlich eher genügsam und konnte sich auch an einem einzigen Krug Wein und etwas Käse erfreuen, wie aus dem Brief an seinen Freund Menoikeus hervorgeht:

Schicke mir kythnischen Käse, damit ich, wenn ich Lust dazu habe, einmal recht schwelgen kann.[34]

Zurückhaltung und Bescheidenheit empfiehlt Epikur nicht nur im kulinarischen Bereich. Auch das ehrgeizige Streben nach Geld, Macht und Ruhm sieht er skeptisch. Es führt letztlich zu keiner Befriedigung der Seele. Denn Reiche vergleichen sich, sobald sie Geld haben, mit noch Reicheren, Mächtige mit noch Mächtigeren. Auch verliert man im Streben nach Ruhm, Ehre und Macht jeden Sinn für die Schönheit des einfachen, aber genussvollen Lebens. Seinen Schülern rät er von einer Karriere in den griechischen Stadtstaaten generell ab:

Es [...] erzeugt eine erwähnenswerte Freude weder der größte Reichtum noch Ehre und Ansehen bei der Masse, noch irgend etwas anderes von dem, was auf schrankenlose Antriebe zurückzuführen ist.[35]

Fazit: Richtig genießen, heißt klug genießen. Und das bedeutet, gute Freundschaften zu pflegen, niemanden zu beneiden und umgekehrt nicht Bewunderung und Neid anderer auf sich ziehen zu wollen. Vor allem soll man seine Leidenschaften in solch einer Weise ausleben, dass sie uns wiederkehrende, sich nicht verbrauchende Freude schenken. Hilfreich ist dabei eine gewisse Selbstgenügsamkeit und Dankbarkeit gegenüber dem Gegenwärtigen. Oft vergisst man nämlich vor lauter Wünschen und Zukunftsplänen, das Naheliegende Wert zu schätzen:

Man soll nicht das, was man hat, verderben durch das Verlangen nach dem, was man nicht hat [...].[36]

## Die Vermeidung von Unlust, Schmerz und Angst

Der philosophische Umgang mit der Lust hat aber noch eine zweite Seite, nämlich die Vermeidung von Unlust. Man kann sogar sagen, dass Epikur diesen Aspekt des Lustprinzips in den Mittelpunkt seiner Philosophie gestellt hat. Für Epikur ist Lust in erster Linie das Freisein von Schmerzen im Körper und das Freisein von Angst in der Seele. Denn nichts beeinträchtigt unsere Lebensfreude so sehr, wie Schmerz, Krankheit und Angst. Wer sich von Krankheit oder Zukunftsangst bedroht fühlt, kann auch nicht mehr richtig genießen. Lustgewinn und Schmerzfreiheit gehören untrennbar zusammen:

Wo immer das Lusterzeugende vorhanden ist, da findet sich, solange es gegenwärtig ist, nichts Schmerzendes oder Betrübendes [...].[37]

Epikur geht sogar noch einen Schritt weiter. Wer gesund und angstfrei lebt, ist bereits ein glücklicher Mensch. Die Konsequenz oder die Pointe aus diesem Gedanken lautet: Lust ist im Grunde genommen die Abwesenheit von Unlust:

Wenn wir also sagen, die Lust sei das Ziel, meinen wir damit nicht die Lüste der Hemmungslosen, [...] sondern: weder Schmerz im Körper noch Erschütterung in der Seele zu empfinden.[38]

Natürlich kann man im Leben nicht jede Form von Schmerz vermeiden. Es gibt wahrscheinlich überhaupt keinen Menschen auf der Welt, der immer gesund ist, niemals stürzt, verlassen wird oder andere leidvolle Erfahrungen macht. Manche Krankheiten und Unfälle gehen sogar mit großen Schmerzen einher. Epikur hält dennoch am Lustprinzip als glückbringendem Weg fest. Hinsichtlich der störenden Unlust durch Schmerzen weiß er uns zu trösten. Sie gehen schnell vorüber:

Der Schmerz verweilt nicht ununterbrochen im Fleisch.[39]

Schmerz ist kein Dauerzustand. Er kommt und geht. Insbesondere, wenn er sehr stark ist, bleibt er nicht lang:

[...] der äußerste Schmerz [...], der das Lustgefühl im Fleisch [...]

überwiegt, dauert nicht viele Tage. Bei langwierigen Leiden schließlich hat die Lustempfindung im Fleisch ein Übergewicht gegenüber dem Schmerz.[40]

Fazit: Heftiger Schmerz ist kurz, langandauernder Schmerz ist nicht heftig. Das ist, so Epikur, von der Natur so eingerichtet. Beispielsweise dient der heftige Schmerz bei einer Verbrennung nur dazu, die Hand sofort zurückzuziehen und vor noch schlimmerer Schädigung zu bewahren. Nach der Verbrennung klingt der Schmerz wieder ab. Sogar heftiges Zahnweh geht nicht ewig, sondern endet mit dem Absterben des Zahnes. Weniger starke Schmerzen wie Halsweh, Schluckweh, Muskelkater oder Schmerzen beim Laufen können zwar länger anhalten, beeinträchtigen uns aber auch nicht so sehr, dass wir keinerlei andere Lust mehr empfinden könnten. Mit dem Schmerz kann und muss man leben. Allerdings ist er nicht das einzige Element, das unsere Lust beeinträchtigt. Mindestens ebenso einschränkend wirkt die Angst:

> [...] die entscheidenste Erschütterung für die menschlichen Seelen entsteht dadurch [...], daß man einen ewigen Schrecken immerzu erwartet oder [...] sich schon allein vor der Empfindungslosigkeit im Totsein ängstigt [...].[41]

Es gibt eine Vielzahl von Ängsten, die das Lebensgefühl der Menschen beeinträchtigen. Bauern fürchten beispielsweise Gewitter, Hagel und Blitzschlag, die eine ganze Ernte zerstören können. Die größte Angst aber ist die Angst vor dem Tod. Die meisten Menschen, so Epikur, machen sich Sorgen, dass ihre Seelen später einmal für die begangenen Sünden büßen müssen. Zur Zeit Epikurs war der hellenistische Polytheismus weit verbreitet. Die Menschen glaubten seit circa 800 v. Chr., dass die Götter aus dem Götterhimmel Olymp für Gesundheit, Wetter, Ernten, Liebe, Frieden und Krieg auf der Erde zuständig sind. Neben den zwölf Hauptgöttern Zeus, Hera, Poseidon, Demeter, Apollon, Artemis, Athene, Ares,

Aphrodite, Hermes, Hephaistos und Hestia, gab es Halbgötter und Fabelwesen.

Ihre verstorbenen Angehörigen bereiteten die Griechen aufwendig für die Reise in das Totenreich des Hades vor. Vielerorts legte man ihnen Münzen auf die Augen, um den Fährmann Charon zu entlohnen, damit dieser die Verstorbenen sicher über den Fluss Styx in die Unterwelt bringt. Platon und seine Schüler erklärten den Athenern seit etwa 380 v. Chr. über Jahrzehnte hinweg, dass ihre unreinen Seelen je nach Lebenswandel dazu verurteilt würden, auf Friedhöfen und Gräberfeldern ewig umherzuirren beziehungsweise im Fluss Acheron erst gereinigt werden müssten oder bei zu schlechtem Lebenswandel sogar zur Wiedergeburt verdammt würden. Denn, so Platon, nur reine Seelen steigen auf in das göttliche Reich der Ideen.

Epikur war ganz anderer Meinung. Er kritisierte den platonischen und nachplatonischen Idealismus. Wie Demokrit lehrte Epikur den Menschen, dass alle Materie nur aus Atomen bestehe, also aus kleinsten, nicht mehr teilbaren Elementen. Diese an sich geistlosen Materie-Teilchen fügen sich nur vorübergehend zu Gebilden und Körpern, also zu unterschiedlichen Qualitäten zusammen:

[...] jede Qualität wandelt sich; die Atome aber wandeln sich nicht, insofern doch etwas beharren muß [...], das seine Wandlungen zustande bringt [...] durch Umgruppierungen.[42]

Auch die menschliche Seele, der Verstand und alles was dazugehört sei, so Epikur, nur eine solche Atomverbindung, eine vorübergehende Gruppierung von Atomen, die sich beim Tod wieder auflöst beziehungsweise zu einem neuen Körper umgruppiert. Wenn sich aber der Atomverband unseres Körpers mit dem Tod final auflöst, bleibt auch keine Seele übrig, welche die Götter bestrafen könnten:

Löst sich [...] der gesamte Körperkomplex auf, dann zerstreut sich auch die Seele [...].[43]

Die Behauptung Platons, die Seele wäre unsterblich und vom Tod überhaupt nicht betroffen, da sie unkörperlich sei, bezeichnet Epikur als völligen Unsinn. Die Seele könne gar nicht unkörperlich sein, denn entweder bestehe sie aus Atomen, dann wäre sie eindeutig körperlich oder aber sie wäre tatsächlich unkörperlich, dann müsste man sie dem leeren Raum zuordnen, der aber selbst keinerlei Leben und keine Wahrnehmungsmöglichkeit hat. Diese Argumentation entspringt Epikurs Atomlehre. Demnach gibt es im ganzen Universum nur zwei Grundtatsachen, zum einen die Atome als kleinste Körper und zum anderen den leeren Raum, in dem sie sich bewegen:

Wäre nicht da, was wir ‚Leeres‘ oder ‚Raum‘ […] nennen, dann hätten die Körper keinen Ort, wo sie sich befänden und worin sie sich bewegen […].[44]

Sowohl der leere Raum als auch die Atome sind ewig. Sie haben keinen Ursprung, also keinen ersten Anfang und kein Ende:

Es bewegen sich die Atome stetig die Ewigkeit hindurch. [...] Einen Ursprung dieser Vorgänge gibt es nicht.[45]

Die Atome sind also kleinste Teilchen, aus denen sich erst alle anderen Körper wie beispielsweise Steine, Berge, Seen, Tische, Häuser, Pflanzen, Tiere, Menschen und Planeten zusammensetzen. Sie sind ewig und schon immer da. Denn, so Epikur, es kann logischerweise gar keinen allerersten Anfang der Atome geben, denn aus Nichtseiendem kann kein Seiendes entstehen. Alles, was wir an Dingen, Bewegungen und Ereignissen sehen, muss irgendwann durch anderes Seiendes verursacht oder bewirkt worden sein. Nichts, so Epikur, entsteht aus Nichtseiendem, sondern eben nur aus den sich ständig umgruppierenden Atomen. Denn, so sein Fazit: Von Nichts kommt nichts. Dieser später in der lateinischen Übersetzung als „Ex nihilo nihil fit" berühmt gewordene Satz findet sich in fast wörtlicher Form bereits bei Epikur.

Und er ist, wenn man ihn zu Ende denkt, für die Menschen tatsächlich sehr befreiend. Falls alles im Universum nur aus einer endlosen Abfolge von Gruppierungen, Auflösungen oder Neugruppierungen von Atomen entsteht, gibt es keinen Grund für die Angst vor der Strafe der Götter. Denn mit dem Tod löst sich auch jener Atomverband auf, der unseren Körper, unser Gehirn oder unsere Seele ausmacht. Von uns bleibt nichts übrig, was bestraft werden könnte.

Epikur war Anhänger von Demokrits hundert Jahre zuvor verkündeter Atomtheorie. Der zufolge besteht das gesamte Weltall beziehungsweise Universum eben nur aus genau diesen zwei Elementen, dem leeren Raum und den Atomen als kleinsten Körpern, die sich darin bewegen. Deshalb, so Epikur, sei die Behauptung Platons, dass die Seele generell ‚unkörperlich‘ und somit vom Tod nicht betroffen sei, im Grunde genommen nur „verrücktes Zeug“:

[…] denken läßt sich das ‚Unkörperliche‘ nur als ‚das Leere‘. Das Leere vermag weder zu wirken und Wirkung zu erfahren, sondern gewährt den Körpern nur Bewegung durch sich hindurch. Jene, die sagen, die Seele sei unkörperlich, reden also verrücktes Zeug.[46]

Epikur sah sich selbst als Aufklärer. Die Naturwissenschaft, beziehungsweise die Naturlehre, wie sie im alten Griechenland hieß, solle die Menschen von Aberglauben und unnötiger Angst befreien. Ihre Hauptaufgabe bestehe darin, den Menschen ein furchtloses und lustvolles Leben zu ermöglichen. Daher, so Epikur, sollte sich jeder seiner Schüler und generell jeder Mensch intensiv mit der Naturlehre befassen:

> Es ist nicht möglich, die Angst [...] zu lösen, wenn man nicht verstanden hat, welches die Gesetzlich-

> keit des Alls ist, sondern [...] auf Grund der Mythen argwöhnt.
> Es ist also nicht möglich, ohne Naturforschung unbeeinträchtigte Lustempfindungen zu erlangen.[47]

Und das ist zugleich der Kerngedanke von Epikurs Naturlehre. Wer erst einmal die Natur des Universums erkennt, verliert die Angst vor Naturschauspielen sowie göttlichen Strafen. Er braucht keine Mythen mehr, um sich die Welt zu erklären. Er kann frei und lustvoll leben. Selbst die Naturwissenschaft steht also für Epikur im Dienst des Lustprinzips.

## Die Bedeutungslosigkeit der Götter für das Glück im Hier und Jetzt

Donner und Blitze muss man nicht fürchten, denn auch hier gilt: aus nichts entsteht nichts. Blitze und Donner sind, so Epikur, nur eine Folge von Atomkollisionen. Man müsse deren natürliche Ursache verstehen und dürfe sie auf keinen Fall dem blitzewerfenden Zeus, dem wütenden Poseidon oder einem anderen zürnenden Gott zuschreiben:

[...] vielmehr haben diejenigen [...] Ängste, die [...] nicht wissen, welches die Gesetzmäßigkeiten und welches die entscheidendsten Ursachen sind [...].[48]

Epikur gibt seinen Schülern an Stelle mythologischer Spekulationen eine erstaunlich modern anmutende physikalische Erklärung für Blitz und Donner:

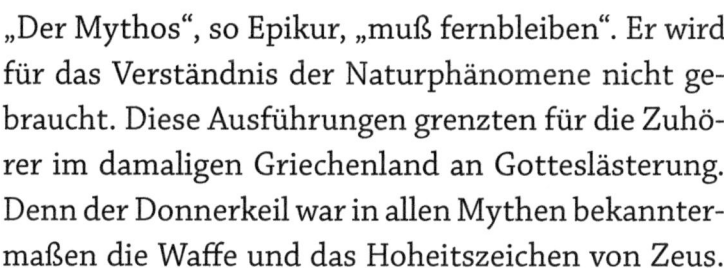

Wetterzeichen können entstehen [...] durch Veränderungen und Umschläge in der Luft. [...] Wolken können entstehen und sich sammeln durch Verdichten von Luft [...] und auch durch die Verflechtung aneinander hängender Atome [...].

Donner [...] entstehen durch Reibung der Wolken und Zerbrechen, wenn sie eisartig fest geworden sind [...]. Blitzschläge [...] durch [...] Zusammendrängung und heftige

Entzündung und Zerreißung einer Wolke. [...] Auch auf mehrere andere Arten können Blitzschläge eintreten. Nur der Mythos muß fernbleiben.[49]

„Der Mythos", so Epikur, „muß fernbleiben". Er wird für das Verständnis der Naturphänomene nicht gebraucht. Diese Ausführungen grenzten für die Zuhörer im damaligen Griechenland an Gotteslästerung. Denn der Donnerkeil war in allen Mythen bekanntermaßen die Waffe und das Hoheitszeichen von Zeus.

Doch Epikur bleibt dabei, alle Wettererscheinungen, auch die wunderbar schönen, sind erklärbar:

Hagel entsteht [...] durch stärkeres Gefrieren [...]. Der Regenbogen [...] durch das Anleuchten der Sonne gegen wasserartige Luft [...].[50]

Obwohl Epikur sämtliche Wetterphänomene ohne Götter und Mythen erklären konnte, leugnete er nicht deren Existenz. Eine atheistische Position wäre für Epikur sicherlich naheliegender gewesen und hätte seinem materialistischen Atomismus besser entsprochen. Doch er hielt sich diesbezüglich zurück. Wahrscheinlich wollte er die ständig drohende Schließung seiner Schule wegen unsittlicher Lehren vermeiden und verzichtete deshalb auf die Leugnung der Götter. Die damals mächtige Priesterschaft und die Stadtregierung beobachteten ihn ohnehin mit großem Misstrauen. Trotzdem konnte er sich nicht zurückhalten, zumindest die gängige Vorstellung seiner Landsleute von der Götterwelt in Frage zu stellen:

[...] Götter gibt es [...]. Wofür sie jedoch die Masse hält, so geartet sind sie nicht. [...]. Denn [...] trügerische Vorstellungen bilden die Urteile der Masse über die Götter.[51]

Die Gottesvorstellung der meisten Menschen, so Epikur, sei nur eine Projektion ihrer eigenen Stärken und Schwächen. Deshalb fürchten viele Menschen, dass die Götter, ähnlich wie sie selbst, ehrgeizig, kleingeistig und rachsüchtig seien und alles bestimmen wollen. So leben die Menschen in ständiger Angst vor göttlicher Strafe und bringen Opfergaben für deren Gnade und Wohlwollen. Doch, so Epikur, genau das sei ein grober logischer Fehler. Wenn nämlich die Götter tatsächlich, wie ja alle behaupten, vollkommene, unvergängliche und glückselige Wesen sind – und nur das macht sie ja erst zu Göttern – dann gehen sie von Ewigkeit zu Ewigkeit und haben keinerlei Bedürfnis, sich in das aus ihrer Sicht

bedeutungslos kurze Leben eines Menschen einzu-
mischen. Von ihrem ganzen Wesen her genügen sich
die Götter vollkommen selbst:

> Das glückselige und unvergängliche
> Wesen hat weder selber Sorgen noch
> bereitet es diese einem anderen. Daher
> läßt es sich weder von Zorn noch von
> Gunst bestimmen. Denn alles Derartige
> beruht auf Schwäche.[52]

Deshalb, so Epikur, haben wir von den Göttern weder etwas zu befürchten noch zu erwarten. Opfergaben zur Vergebung von Sünden, zum Schutz vor
Missernten oder zum Beistand der Götter bei Unter-
nehmungen in Politik, Seefahrt oder Handel lehnt er
strikt ab:

> Es ist sinnlos, von den Göttern zu
> erbitten, was man sich aus eigener
> Kraft verschaffen kann.[53]

Selbst Erdbeben, Seuchen, Schädlingsplagen, Dürreperioden und andere Naturkatastrophen will Epikur nicht länger dem Zorn der Götter zuschreiben. Es mache keinen Sinn, leidvolle Naturereignisse als Strafe und erfreuliche als Belohnung zu interpretieren. Und wieder argumentiert Epikur mit einem raffinierten gedanklichen Ausschlussverfahren. Es sei unlogisch, den Göttern oder Zeus die Macht über die Welt und den Kosmos zuzuschreiben. Wäre Gott nämlich Urheber und Gestalter des Kosmos, dann ergäbe sich bezüglich seines Wirkens ein unauflösbarer Widerspruch mit seinen göttlichen Eigenschaften. Denn als Urheber der Welt sei Gott verantwortlich für alle von ihm geschaffenen Übel und somit nicht mehr in sich selbst vollkommen und selig. Er wäre dann zugleich allmächtig und moralisch vollendet sowie schwach und unvollendet. Epikur formuliert diese Aporie sehr pointiert:

Entweder will Gott die Übel
aufheben und kann nicht
oder er kann und will nicht
oder er will nicht und kann nicht
oder er will und kann.

> Wenn er will und nicht kann, ist er schwach, und das trifft auf Gott nicht zu. Wenn er kann und nicht will, ist er neidisch, und das ist ebenso unvereinbar mit Gott.

> Wenn er nicht kann und nicht will, ist er neidisch und schwach und dementsprechend auch kein Gott. Wenn er aber will und kann, wie das allein angemessen für Gott ist – wo kommen dann die Übel her, und warum hebt er sie nicht auf?[54]

Die Annahme, dass Götter Einfluss auf unsere Welt nehmen, passe, so Epikur, prinzipiell nicht zu unserer Vorstellung von ihrer Vollendetheit. Da die Welt, wie jeder von uns sehen kann, alles andere als vollendet ist, müssen wir die Götter logischerweise ganz aus dem Spiel lassen. Diese Aporie, mit der Epikur uns nahelegt, auf den Glauben an göttliche Einflussnahme zu verzichten, hat in den folgenden Jahrhunderten eine Vielzahl von Theologen beschäftigt. Denn hier wird zum ersten Mal und in aller Schärfe das sogenannte Theodizee-Problem aufgeworfen, also die Frage, wie die Allmacht und Allwissenheit Gottes mit der Existenz des Bösen in der Welt vereinbar ist. Epikur ging es darum, die Menschen dafür zu gewinnen, alle Ereignisse und Prozesse auf der Welt naturwissenschaftlich, also jenseits göttlicher Einflussnahme zu verstehen. Götter sind selig, bedürfnislos, vollkommen und sich selbst genügend, aber eben deshalb auch unwichtig. Theoretisch schloss er die Existenz von Göttern nicht aus, aber praktisch sprach er ihnen jede Bedeutung ab. Epikurs Philosophie wird in der Forschung deshalb auch gerne als „praktischer Atheismus"[55] bezeichnet.

## Hedonismus als Lebenskunst – Genuss, Freundschaft und Ataraxie

Der Atomismus von Epikur, seine religionsskeptische Haltung und sein Lustprinzip verbinden sich zu einer praktischen Lebenskunst. Das Weltall ist für ihn nichts anderes, als ein ständiger Strom von Atomen, die sich anordnen, auflösen und wieder neu gruppieren. Da dieser ewige Strom des Werdens und Vergehens keiner göttlichen Notwendigkeit und keinem erkennbaren Sinn folgt, müssen die Menschen ihrem Leben selbst einen Sinn geben. Dazu, so Epikur, sollten wir uns auf das verlassen, was wir mit unseren Sinnen konkret wahrnehmen können, nämlich unsere Bedürfnisse, unsere Lust und unseren Wunsch nach Schmerz- und Angstfreiheit:

> Die Gesundheit des Körpers und die Unerschütterlichkeit der Seele [...] ist das Ziel des glückseligen Lebens.[56]

Und die Unerschütterlichkeit der Seele haben wir selbst in der Hand. Wir müssen einfach nur versuchen, so Epikur, das Leben lustvoll zu genießen und die vier großen Ängste überwinden: Die Götter brauchen wir nicht zu fürchten, da sie nicht in den Lauf der Dinge eingreifen, unerfüllte Bedürfnisse ebenso wenig, da sich die notwendigen Bedürfnisse leicht erfüllen lassen. Sogar große Schmerzen brauchen uns nicht zu beängstigen, da sie meist nur von kurzer Dauer sind. Und schließlich ist auch der Tod nicht zu fürchten, da wir ihn, wenn er wirklich eintritt, nicht mehr empfinden. Angstfreiheit und kontrollierte Lust sind somit die Grundlage der Unerschütterlichkeit der Seele.

Warum aber spricht Epikur an dieser Stelle plötzlich von der „Unerschütterlichkeit der Seele", also der Ataraxie als Ziel des glückseligen Lebens? Widerspricht das nicht der Lust, der von ihm propagierten Hedoné als oberstem Ziel? Die Antwort ist einfach. Für Epikur läuft beides letztlich auf dasselbe hinaus. Denn nur derjenige, der Unlust vermeidet, seine Lust bejaht und in vernünftiger Weise auslebt, gelangt zu jenem Zustand der inneren Gemütsruhe. Hedoné und Ataraxie sind für Epikur miteinander verbunden. Auf den ersten Blick ist das schwer zu verstehen, denn Lust ist doch eigentlich etwas Aufwühlendes und Beunruhigendes, das auf Befriedigung des Begehrens drängt. Somit stört die Lust doch eher die Seelenruhe als sie zu befördern.

Doch Epikur sieht diesen Gegensatz nicht, da er unter Lust beziehungsweise Hedoné eben nicht nur ein einzelnes Begehren, wie etwa die sexuelle Lust, versteht, sondern die abstrakte Summe aller positiven Gefühle, die es zu pflegen und zu steigern gilt. Sein Lustbegriff ist formal sehr weit gefasst. Er umfasst alle fünf Quellen der Lust, also neben Essen, Trinken und Erotik auch Freundschaft und Philosophie. Und wenn es uns tatsächlich gelingt, alle fünf Quellen der Lust mit Bedacht und Sorgfalt zu leben, und das heißt unter anderem, die Freuden und Leiden mit

Freunden zu teilen, das Leben neugierig und philosophisch zu überdenken, gelangen wir über die bloße Triebbefriedigung hinaus zu einer inneren Seelenruhe, der Ataraxie.

Der Hedonismus als Lebenshaltung ist mehr als Triebbefriedigung. Er ist ein ethisches Programm, das die Einsicht in die Grenzen der Lust ebenso berücksichtigt wie den Wert von Freundschaft, Philosophie und die Wertschätzung des Augenblicks:

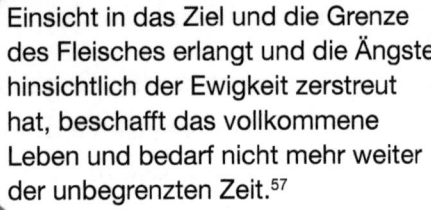

Für das Fleisch liegen die Grenzen der Lust im Unbegrenzten, und es bedürfte unbegrenzter Zeit, um sie zu beschaffen. Das Denken aber, das die

Einsicht in das Ziel und die Grenze des Fleisches erlangt und die Ängste hinsichtlich der Ewigkeit zerstreut hat, beschafft das vollkommene Leben und bedarf nicht mehr weiter der unbegrenzten Zeit.[57]

Die philosophische Einsicht in die Begrenzung der Lust und der eigenen Lebenszeit eröffnet die Chance auf ein vollkommenes Leben:

Wer die Grenzen des Lebens begriffen hat, weiß, daß jenes leicht zu beschaffen ist, was das Schmerzende des Mangels beseitigt und das gesamte Leben zu einem vollkommenen macht.[58]

Und die Gesellschaft? Wie funktioniert das Zusammenleben, wenn jeder sich nur um seine eigene Lust und sein eigenes Seelenheil kümmert? Epikurs Antwort ist ebenso einfach wie verblüffend:

Der in sich unbeschwerte Mensch ist auch dem andern keine Last.[59]

Darüber hinaus sieht Epikur den Zusammenschluss der Menschen in der Gesellschaft als eine Art Kunst-

werk an, das durch den Kunstgriff der Vertragsschlie-
ßung geregelt werden muss. Für Aristoteles ist die
Gesellschaft etwas ganz Natürliches, da der Mensch
von Natur aus ein „Zoon politikon" ist, ein soziales
politisches Wesen. Für Epikur hingegen bedarf es
des Kunstgriffs eines Vertrages. Nur wenn sich die
Individuen gegenseitig in Verträgen und Gesetzen
dazu verpflichten, sich keinen Schaden zuzufügen
und nach bestimmten Regeln friedlich zusammen-
zuleben, entsteht ein Staat mit Rechtssicherheit:

Für alle jene Lebewesen, die keine Verträge darüber schließen konnten, einander gegenseitig weder zu schädigen noch sich schädigen zu lassen, gibt es keine Gerechtigkeit und Ungerechtigkeit.[60]

Denn, so Epikur:

> Es gibt keine Gerechtigkeit an und für sich, sondern sie ist ein [...] an den beliebigsten Orten und Zeiten geschlossener Vertrag, einander gegenseitig weder zu schädigen noch sich schädigen zu lassen.[61]

Epikur war somit der erste Vertreter der sogenannten Vertragstheorie, die später von Thomas Hobbes aufgegriffen und zum Ausgangspunkt der modernen politischen Theorie wurde. Die eigentlich revolutionäre Leistung von Epikur war aber noch eine andere. Er hat als Erster in der Antike den Weg zum Individualismus eingeschlagen. Nicht das Wohl der Gemeinschaft, der Polis und die Tugenden, die dem Staat nützen, sind für Epikur am ausschlaggebendsten, sondern das, was dem Wohle des einzelnen Menschen dient. Jeder Mensch habe als Individuum das Recht, glücklich zu werden und seine je eigenen Wünsche und Bedürfnisse zu verwirklichen.

# Was nutzt uns Epikurs Entdeckung heute?

## Lust aufs Leben! – Epikurs Plädoyer für die Sinnesfreude

Was nutzt uns Epikur heute? Ist die von ihm entworfene Lebenskunst wirklich praktizierbar? Ist sie gesellschaftlich wünschenswert? Hilft sie, wie Epikur sagt, allen Menschen ihr Glück zu finden, oder führt sie am Ende doch zu egoistischer Lustmaximierung auf Kosten anderer?

An diesen Fragen scheiden sich die Geister. Epikurs Plädoyer für die Sinnenfreude ist bis heute ein Stein des Anstoßes. In der Antike wird er von Stoikern als „Wüstling" beschimpft, im Mittelalter von den Kirchenvätern Eusebius und Origenes als „Antichrist" gebrandmarkt. Der Dichter Dante Alighieri beschreibt die Epikureer im 14. Jahrhundert in seiner „Göttlichen Komödie" als „Erzketzer". Sie müssten nach ihrem Tod im sechsten Höllenkreis der Unterwelt in brennenden Särgen schmoren. König Alfons X von Kastilien-Leon erlässt im Spätmittelalter sogar ein

Gesetz, das für bekennende Epikureer den Tod auf dem Scheiterhaufen vorsieht. Der Grund für diese Verurteilung liegt auf der Hand. Im Christentum geht es nicht um die Hedoné des Einzelnen als glückbringender Verwirklichung der Lust. Im Gegenteil: gerade ein entbehrungsreiches und unglückliches Leben gilt als notwendige göttliche Prüfung für die spätere Erlösung im Jenseits. Der christliche Jenseitsglaube ist mit der Diesseitsorientierung des Hedonismus völlig unvereinbar.

Der Aufklärer Kant kritisiert Epikur aus rein rationalen Erwägungen heraus. Er hält ihn für den Vordenker einer individuell hedonistischen, nicht verallgemeinerbaren und somit unbrauchbaren Handlungsorientierung. Denn Epikurs Prinzip, wonach ein jeder nur seine eigene Glückseligkeit verfolgen solle, widerspreche, so Kant, der Notwendigkeit einer für alle geltenden Pflichtethik. Eine solche Pflichtethik müsse jenseits persönlicher Vor- und Nachteilskalkulationen kategorisch befolgt werden.

Dagegen wurde Epikur von den römischen Dichtern und Schriftstellern Horaz, Lukrez und Virgil als brillanter Geist und Befreier gefeiert. Horaz, prägte unter Berufung auf Epikurs Lehre den bis heute berühmten Satz: „Carpe diem!", „Pflücke den Tag!" Horaz ermahnt uns damit ganz im Sinne Epikurs, den

Augenblick zu genießen und unser Leben nicht auf die Zukunft zu verschieben:

> Wir sind ein einziges Mal geboren. Zweimal [...] ist nicht möglich. Du aber [...] verschiebst immerzu das Erfreuende.[62]

Auch Nietzsche lobt Epikurs Lebensbejahung. Er hätte der ungesunden platonischen Ideenlehre ein vitales Lebensprinzip entgegengestellt. Genau wie Epikur betont auch Nietzsche die Bedeutung des dionysischen Prinzips der Sinnlichkeit gegenüber dem rein apollinischen Prinzip des ordnenden Verstandes. Wohl auch deshalb feiert Nietzsche ihn als Meilenstein und Höhepunkt der Philosophiegeschichte: „Die Weisheit ist um keinen Schritt über Epikur hinausgekommen – und oftmals viele tausend Schritt hinter ihn zurück."[63]

Karl Marx, der sogar seine Doktorarbeit[64] über Epikur schreibt, sieht in ihm einen aufgeklärten Materialisten. Epikur hätte, so Marx, als einer der ersten, die Bedeutung der materiellen Grundbedürfnisse erkannt und versucht, die Menschen von Aberglauben und falschen Ängsten zu befreien.

Tatsächlich ist Epikur ein Aufklärer und Befreier insofern er sich gegen die antike Geringschätzung der Lust auflehnt. So sieht noch Aristoteles den Menschen als „animal rationale", als Vernunftwesen. Dessen höchstes Gut sei der Verstand, den er weiterentwickeln müsse. Die Vernunft, so Aristoteles wörtlich, „stellt den entscheidenden und besseren Teil unseres Wesens dar" und das von Natur aus „Höchste".[65] Auch Platon hat zugunsten der Höherentwicklung der Seele, den Körper und dessen Bedürfnisse herabgewürdigt. So zeichnet sich die vielzitierte platonische Liebe eben gerade dadurch aus, dass wir den Eros, also im weiteren Sinne den Sexualtrieb, auf höhere Ziele, etwa auf die Liebe zur Wissenschaft und zu den Ideen des Guten, Wahren und Schönen umleiten und veredeln sollen. Auch Platons berühmtes Wagengleichnis lehrt uns eindringlich, dass der Körper letztlich nur der Diener des Geistes sein soll. Es sei die Vernunft, die als strenge Wagenlenkerin die zwei wilden Pferde, den Eros und den Willen, nach oben zum Göttlichen lenken müsse, da wir sonst in die Niederungen des Genusses und der Laster herabgezogen würden. Von hier aus ist es nur noch ein kleiner Schritt zur Leibfeindlichkeit des Christentums, das von den Gläubigen ein eher keusches und asketisches Leben verlangt.

Dagegen stand und steht seit jeher Epikurs Kerngedanke. Radikal zeigt er auf, dass der Mensch nicht nur ein „Homo Sapiens" ist, sondern wesensmäßig auch ein „Homo Natura" mit natürlichen Veranlagungen und Bedürfnissen, deren Befriedigung wünschenswert und glückbringend ist:

Nicht vergewaltigen sollen wir unsere Veranlagung, sondern überreden. Und überreden werden wir die notwendigen Begierden, indem wir sie erfüllen [...].[66]

Epikur will die Menschen von Triebunterdrückung und überflüssigen Ängsten befreien. Das Ziel des Lebens ist den Menschen von Natur aus vorgegeben:

Zu beherzigen gilt es [...], was Glück verschafft; denn ist es anwesend, haben wir alles, ist es abwesend, tun wir alles, damit wir es haben.[67]

Dieser emanzipatorische Ansatz macht Epikur in der Postmoderne interessant für Erich Fromm und Herbert Marcuse, zwei Vertreter der Kritischen Theorie. Mit Verweis auf Epikurs Lustprinzip kritisieren auch sie die Triebunterdrückung in der Gesellschaft. Allerdings werfen sie Epikur vor, dass er sich nicht genug gegen die gesellschaftlichen Zwänge aufgelehnt habe. Er wäre, so Marcuse, völlig unpolitisch, auf halbem Weg stehen geblieben. Tatsächlich ist Epikur alles andere als ein Revolutionär und bevorzugt den Rückzug ins Private:

Befreien muss man sich aus dem Gefängnis der Alltagsgeschäfte und der Politik.[68]

Auch seinen Schülern und Anhängern empfiehlt er, ihr Leben als freie Individuen selbstbestimmt und gänzlich ohne Zwänge zu gestalten. Hierzu sei es wichtig, auf eine Politikerkarriere und öffentliche Ämter zu verzichten:

Lebe im Verborgenen![69]

So gesehen war Epikurs Philosophie in der Tat unpolitisch. Der Vorwurf Marcuses, Epikur wäre auf halbem Weg stehen geblieben und hätte seiner Forderung nach Triebbefreiung kein Gehör verschafft, trifft aber nur teilweise zu. Zum einen hat Epikur gegen jede Tradition der damaligen patriarchalischen Gesellschaft auch Frauen, Hetären und sogar Sklaven in seine philosophische Schule aufgenommen, zum anderen kann die politische Zurückhaltung von Epikur durchaus als weitreichende Entscheidung gesehen werden. Denn nur so entging er der Schulschließung. Sein Kerngedanke wirkte weiter und konnte sich am Ende fest im Bewusstsein der abendländischen Gesellschaft verankern.

Epikurs zentrale Forderung, dass jeder Mensch aufgrund seiner ihm angeborenen Natur die Freiheit haben soll, in seinem irdischen Leben, die Hedoné, also sein persönliches Glück anzustreben, ist 1776 durch Thomas Jefferson sogar in die amerikanische Unabhängigkeitserklärung aufgenommen worden. Jefferson, der sich selbst als Epikureer bezeichnete, entwarf zu weiten Teilen persönlich den Text. Dort heißt es im allerersten Abschnitt wörtlich, dass alle Menschen „mit gewissen unveräußerlichen Rechten ausgestattet sind; dass dazu Leben, Freiheit und das Streben nach Glück gehören."[70] In der Präambel der späteren amerikanischen Verfassung fand das Streben nach Glück dann ebenfalls Berücksichtigung.

## *Genuss statt Entsagung – Freiheit statt Schicksal! Epikur gegen die Stoiker*

Der Kern von Epikurs Philosophie der Lust wird am deutlichsten in seiner Auseinandersetzung mit den Stoikern. Während die Stoiker der Welt und dem Leben weitgehend entsagen wollen, versuchen die Epikureer, es so gut als irgend möglich zu genießen.

So ist das oberste Ziel der Stoa die „Apatheia", wörtlich übersetzt die Leidenschaftslosigkeit, also ein
Zustand, in dem wir jedes „Pathos", also alle Höhen
und Tiefen unserer Gefühlszustände hinter uns lassen und uns stattdessen gelassen in das Schicksal,
in den „Logos" einfügen. Die Stoiker benutzen die
Begriffe Gott, Zeus, Schicksal, Notwendigkeit, Vorsehung und Logos synonym, um damit die vernünftige und vorgegebene Abfolge aller Ereignisse im
Universum zu beschreiben, also ein durchgehendes
göttliches Ursache- Wirkungsgefüge, dem sich weder die Materie, noch die Natur, noch der einzelne
Mensch entziehen kann. Der Kerngedanke der Stoa
ist ein tiefes und absolutes Vertrauen in die Sinnhaf-
tigkeit der Welt. Die Geschichte des Universums, der
gesamten bewohnten Welt und auch des eigenen individuellen Lebens ist vorgegeben wie das Abrollen
eines Ankertaus. Willensfreiheit kennen die Stoiker
nicht. Der vom Logos durchwaltete Kosmos ist ab-
solut vernünftig und zwingt uns in seine vorgegebene Bahn. Da wir Menschen aber von Natur aus Vernunftwesen sind und einen kleinen „Logos" in uns
tragen, können und sollen wir im Einklang mit dem
großen Logos und somit der großen Vernunft leben.
Der stoische Weise fügt sich daher besonnen in die

Notwendigkeit.

Chrysipp von Soloi, zusammen mit Zenon und Kleanthes einer der drei großen Denker der älteren Stoa, hat dies in seinem berühmten Wagenbeispiel verdeutlicht. Der große Logos, also die vernünftig notwendige Entfaltung des Kosmos und der kleine Logos, also unsere Vernunft, seien vergleichbar mit einem Wagen, der langsam eine endlose Rampe herunterrollt und an dem, an einer Leine angebunden, ein Hund hängt. Der Mensch ist in Chrysipps Gleichnis der Hund. Er besitzt zwar einen individuellen Logos, also eine individuelle Vernunft und hat somit eine gewisse Entscheidungsfreiheit, wird aber am vorgegebenen göttlichen Ablauf der Welt nichts ändern. Er kann sich lediglich mit seiner individuellen Vernunft entscheiden, wie ein Weiser dem Wagen, also der göttlichen Vernunft, in stoischer Apathie zu folgen, oder sich wie ein Tor zu sträuben und mitschleppen zu lassen. Er hat also eine gewisse Entscheidungsfreiheit, aber eben nur als Einsicht in die Notwendigkeit.

Epikur sieht es grundsätzlich anders. Für ihn gibt es keine Vorsehung, keine göttlich notwendige und vernünftige Entfaltung der Welt, sondern stattdessen nur Zufall und Freiheit. Den Stoikern hält er entgegen:

Die Notwendigkeit ist ein Übel, aber es besteht keine Notwendigkeit, unter der Notwendigkeit zu leben.[71]

Die Atome, die alle Dinge und Wesen durch ständige Neugruppierungen bilden, würden, so Epikur, bisweilen durch Zufälle von ihren Bahnen abgelenkt, kollidieren, verbinden sich neu und schlagen plötzlich andere Richtungen ein. Auch die Erde sei durch einen solchen Zufall entstanden. An die Stelle des Fatums, der Notwendigkeit oder des Schicksals des Stoikers setzt der Epikureer zum einen den Zufall und zum anderen die individuelle Willensfreiheit. Ein freier Mensch, der sich seiner Freiheit voll und ganz bewusst ist, kann jederzeit neue Ursache-Wirkungsketten initiieren und ist nicht wie die Stoiker behaupten, nur Diener eines übermächtigen Schicksals:

Das von manchen als Herrin über alles eingeführte Schicksal verspottet er.[72]

Der Epikureische Weise ist selbst verantwortlich für seine Handlungen und sein Leben. Er akzeptiert keine göttliche Vorsehung und keine Notwendigkeit als Herren über sich und die Welt:

[...] weil er sieht, daß der Zufall [...] herrenlos ist.[73]

Die Zufälle im Leben, seien sie nun erfreulich oder nicht, müsse man als solche akzeptieren. Man dürfe sie weder den Göttern zuschreiben noch der Naturnotwendigkeit. Im Zweifelsfall sei es psychologisch immer noch gesünder, den launischen Göttern die Schuld für gute oder schlechte Ereignisse zu geben als der Naturnotwendigkeit:

[…] es wäre besser, dem Mythos über die Götter zu folgen, als dem ‚Schicksal' der Naturphilosophen sklavisch ergeben zu sein.[74]

Epikur ersetzt das stoische Entsagen und Hinnehmen des Fatums durch den freien Willen und die Entscheidung zum lustvollen Leben. So gesehen liegen Welten zwischen Epikurs Hedoné und der stoischen Apathie. Und doch gibt es in der praktischen Ausführung von Epikurs Lustprinzip eine Annäherung beider Konzepte. Denn jede Lust strebt nach Erfüllung und somit nach einem Zustand der Ausgeglichenheit. Es geht letztlich auch bei der Lust um die Unerschütterlichkeit der Seele:

Wenn wir also sagen, die Lust sei das Ziel, meinen wir damit nicht die Lüste der Hemmungslosen, […] sondern:

weder Schmerz im Körper, noch Erschütterung in der Seele zu empfinden. [75]

Diesen Zustand der Unerschütterlichkeit der Seele erreichen wir nach Epikur durch Einsicht in unsere äußere und innere Natur. Die Einsicht in die äußere Natur als sich wandelnder Atomverband befreit vor der Angst vor göttlicher Strafe. Die Einsicht in unsere innere Natur, also die Konzentration auf wenige Bedürfnisse und den vernünftigen Umgang mit diesen, befreit vor der Angst, sie nicht erfüllen zu können. Die dadurch erreichte Zuversicht führt zur Beruhigung der Seele:

Wie man unter Meeresstille versteht, daß nicht einmal der geringste Luftzug die Flut bewegt, so sieht man die Seele in ruhigem Zustand, wenn keine Verwirrung da ist, durch die sie erregt werden könnte. [76]

Die von Epikur gepriesene Meeresstille der Seele oder die Ataraxie, wörtlich übersetzt die „Unerschütterlichkeit" der Seele, ist dann auf den ersten Blick gar nicht mehr so weit entfernt vom Zustand der Apathie, der „Unempfindlichkeit" der Seele gegenüber den Leidenschaften, wie sie die Stoiker anstreben. Es gibt aber dennoch einen entscheidenden Unterschied. Zwar mündet auch bei Epikur das Ziel der Lust im Seelenfrieden, aber anders als bei der stoischen Apathie geschieht dies nicht durch Abwendung von den Triebregungen und Affekten, sondern durch deren Akzeptanz und Befriedigung. Lust und Seelenfrieden sind für Epikur keine Gegensätze. Zwar bedarf es der Mäßigung und eines sorgfältigen Umgangs mit der Lust, aber sie ist und bleibt für Epikur ein unersetzlicher Baustein des Glücks.

## „Der Tod betrifft uns nicht" – den Fokus auf das Leben richten

Aber was ist mit dem Tod? Beeinträchtigt nicht die Tatsache, dass wir sterben müssen, unser ganzes Leben? Legt nicht der Tod, der uns am Ende erwartet, seinen Schatten auf jede Lust und jeden Genuss? Widerspricht nicht der Tod grundsätzlich dem Lustprinzip? Epikurs Antwort ist ebenso kurz wie überraschend:

> Das schauererregendste aller Übel, der Tod, betrifft uns überhaupt nicht;[77]

Wie kann das sein? Warum betrifft uns der Tod nicht? Epikur hat uns doch in aller Deutlichkeit versichert, dass wir sehr wohl sterblich sind und es auch für unsere Seele kein Weiterleben nach dem Tod geben wird. Er begründet seine provokative These zunächst wieder mit einem logischen Ausschlussverfahren:

> [...] wenn ‚wir‘ sind, ist der Tod nicht da; wenn der Tod da ist, sind ‚wir‘ nicht (mehr). Er betrifft also weder die Lebenden, noch die Gestorbenen, da er für die einen nicht da ist, die anderen aber nicht mehr für ihn da sind.[78]

Gemeint ist damit die prinzipielle Nicht-Erfahrbarkeit des eigenen Todes. Wenn wir nämlich gestorben sind, haben wir als Gestorbene keinerlei Möglichkeit mehr, uns selbst als Toten oder als ‚tot' wahrzunehmen. Der Atomverband, der unseren Körper und unseren Geist ausmacht, ist dann bereits zerfallen, weitere Wahrnehmungen unmöglich. Wir können daher prinzipiell nicht an unserem eigenen Totsein leiden, denn als Gestorbene sind wir für den Tod nicht mehr da. Aber auch die Lebenden können nicht am Tod leiden, denn sie leben ja noch und sind insofern noch nicht von ihm betroffen. Fazit: Solange wir sind, ist der Tod nicht da, wenn er aber da ist, sind wir es nicht mehr.

Das ist natürlich zunächst nur ein schwacher Trost, denn das eigentliche Problem des Todes ist ja weniger sein realer Eintritt, als vielmehr das lebenslange Wissen, dass er uns unausweichlich bevorsteht und jeder Lust ein Ende setzt. Auch Epikur weiß das natürlich. Ihm ist klar, dass wir dies fürchten und in der Regel verdrängen:

[...] die Masse flieht bisweilen den Tod als das größte aller Übel [...].[79]

Und weil die Masse vor dem Tod fliehen will, versucht sie an das Weiterleben der Seele zu glauben. Viele hoffen sogar, das Leben nach dem Tod sei schöner als das derzeitige. Andere haben Angst vor der Strafe der Götter und wieder andere fürchten eine ewige Dunkelheit. Epikur empfiehlt uns, das Leben auf keinen Fall gering zu schätzen. Gerade weil der Tod das Ende jeder Empfindsamkeit bedeutet, müssen wir ihn nicht fürchten:

Der Weise [...] weist weder das Leben zurück, noch fürchtet er das Nicht-Leben; denn weder ist ihm das Leben zuwider, noch vermutet er, das Nicht-Leben sei ein Übel.[80]

Das Leben, so Epikur, verdient es, voll und ganz bejaht zu werden, auch wenn es Krankheiten und Leid mit sich bringt. Und es sei unaufrichtig, das Gegenteil zu behaupten. Denn jeder sei ein großer Lügner, der sagen würde,

[...] es sei gut nicht geboren zu sein. [...] Denn wenn er darauf vertraut und es deshalb behauptet: warum scheidet er dann nicht aus dem Leben? [...] Wenn er aber bloß spottet, ist er ein Schwätzer [...].[81]

Wenn man dann im Alter tatsächlich von Krankheit, Schwäche und allerlei Plagen heimgesucht werde, solle man nicht verzweifeln, sondern sich der schönen und lustvollen Momente erinnern, die man bereits erlebt habe und die einem niemand mehr nehmen könne. Auch als Epikur selbst seinem Lebensende entgegengeht, hat er Schmerzen. Sie stammen, wie heute vermutet wird, von einem wandernden Nierenstein und den damit verbundenen Koliken, die damals nicht therapierbar waren. Doch auch in dieser Situation bleibt er bei seiner Bejahung des Lebens, was aus seinem letzten Brief eindrucksvoll hervorgeht:

Einen glückseligen Tag, der zugleich der letzte meines Lebens ist, verbringend, schreibe ich euch dies. Harnbeschwerden und Ruhr haben sich in

solcher Stärke eingestellt, daß sie nicht mehr größer werden können. Alldem steht gegenüber, die Freude meines Herzens in Erinnerung an die einst von uns geführten Gespräche [82]

Letztlich, so Epikur, ist die Sterblichkeit vor allem eines - eine Tatsache, die wir bedenken und beherzigen sollten:

Gedenke, daß du, sterblich von Natur und nur im Besitz begrenzter Zeit, emporstiegst [...].[83]

## Epikurs zeitlose Botschaft: Aus dem einen Leben das Beste machen!

Epikurs Botschaft, wie wir handeln sollen, ist von derselben Klarheit und Einfachheit wie seine gesamte Philosophie. Es geht im Leben um das Erreichen der Hedoné, der sinnlichen Glückseligkeit. Dieses Ziel ist weder philosophisch elitär, also intellektuell schwer verständlich, noch ist es Reichen und Mächtigen vorbehalten. Jeder von uns kann es erreichen:

Ich aber rufe zu fortdauernden Lustempfindungen auf, und nicht zu [...] Tugenden, die nur verworrene Illusionen [...] in sich bergen.[84]

Epikur ist ein erster materialistischer Aufklärer. Es geht ihm um eine tiefe Bejahung der Wirklichkeit. Er will uns von verworrenen Tugenden ebenso befreien wie von Mythen, Aberglaube und Ängsten. Alle Erscheinungen, die wir wahrnehmen, also die Sternensysteme, Planeten, Berge, Meere, Bäume, Unwetter, Blitze, ja selbst die Lebewesen bestehen letztlich nur aus kleinsten Teilchen, den sogenannten Atomen. Diese ordnen und gruppieren sich in verschiedener Weise für einige Zeit in Atomverbänden an. Auch der Mensch ist nichts anderes als eine solche, vorübergehende Anordnung, die sich nach dem Tod wieder auflöst. Dies gilt gleichermaßen für Körper und Geist. Ein Weiterleben der Seele, wie sie Platon und später das Christentum, der Islam und der Hinduismus lehren, gibt es für Epikur nicht:

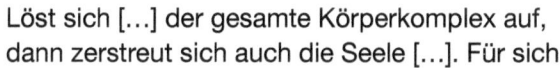

Löst sich [...] der gesamte Körperkomplex auf, dann zerstreut sich auch die Seele [...]. Für sich denken läßt sich das Unkörperliche nur als „das Leere". Das Leere vermag weder zu wirken und Wirkung zu erfahren [...]. Jene, die sagen, die Seele sei unkörperlich, reden also verrücktes Zeug.[85]

Mit dem Zerfall unseres Atomverbandes endet auch der Geist und unsere Seele. Dies mag zunächst ernüchternd klingen, bedeutet aber auch, dass niemand fürchten muss, nach dem Tod bestraft zu werden. Umgekehrt, so Epikur, kann natürlich auch niemand auf eine Belohnung, ein himmlisches Weiterleben oder eine Wiedergeburt hoffen:

Geboren sind wir nur einmal;[86]

Wenn das aber so ist, müssen wir aus diesem einen Leben das Beste machen. Das kann nur bedeuten, im Hier und Jetzt ein glückliches Dasein zu führen. Der Wegweiser dahin ist in unserer Natur bereits angelegt. Es ist das Lustprinzip – die Suche nach Lust und die Vermeidung von Unlust und Schmerz:

[…] die Lust ist […] Ursprung und Ziel des glückseligen Lebens. Denn sie haben wir als erstes und angeborenes Gut […], und von ihr aus beginnen wir mit jedem Wählen […], indem wir […] ein jedes Gut beurteilen.[87]

Doch dabei bleibt es nicht. Epikur weiß, dass ein ungebremstes Ausleben der Lust ungesund wäre, und auf Kosten anderer gehen könnte. Deshalb empfiehlt er eindringlich:

[…] nicht Trinkgelage […], auch nicht das Genießen von Knaben und Frauen, von Fischen und allem übrigen, was eine aufwendige Tafel bietet, erzeugen das lustvolle Leben, sondern ein nüchterner Verstand […].[88]

Wer seine Lustziele nüchtern durchdenkt, macht ein Nutzen-Schadenskalkül und entscheidet, was erstrebenswert ist. Es macht beispielsweise keinen Sinn, unablässig seinen Reichtum zu vermehren, sich mit anderen zu messen und in einen lebenslangen Wettbewerb einzutreten. Philosophischer ist es, seine Bedürfnisse nur soweit finanziell abzusichern, dass sie sich auch noch in absehbarer Zukunft erfüllen lassen:

Nicht hungern, nicht dürsten, nicht frieren! [...] wenn einer dies besitzt und erwarten kann, es zukünftig zu besitzen, könnte er selbst mit Zeus um das Glück wetteifern.[89]

Epikur empfiehlt uns, mit dem, was wir haben, glücklich zu sein, solange es ausreicht, die Bedürfnisse zu stillen. Am konsequentesten hat diese Lebenshaltung in der Antike der berühmte Diogenes von Sinope umgesetzt. Er war 71 Jahre älter als Epikur und bereits zu seinen Lebzeiten eine Legende. Denn er lebte nahezu bedürfnislos, aber dafür frei und ungebunden in einem alten Fass. Als Alexander der Große ihn besuchte und anbot, ihm einen Wunsch zu erfüllen, soll er geantwortet haben: „Geh mir nur ein wenig aus der Sonne". Die dahinterstehende Botschaft ist klar. Umso weniger Bedürfnisse wir haben, umso mehr Freiheit stellt sich ein. Epikur übernimmt die These des großen Kynikers, wenngleich er den für das Glücksempfinden notwendigen Lebensstandard etwas höher ansetzt. Epikur empfiehlt uns aber auch, bei allem, was wir beruflich und privat anstreben, darauf zu achten, dass unsere Bedürfnisse nicht ausufern und wir frei bleiben:

Die Lustempfindung [...] wächst nicht mehr, wenn erst einmal das [...] Gefühl des Mangels aufgehoben wird, sondern variiert nur.[90]

Das ist keine falsche Bescheidenheit, sondern hat durchaus eine nachweisbare Relevanz. Die moderne Glücksforschung[91] betätigt seine These, dass das subjektive Glücksempfinden ab einem bestimmten Jahreseinkommen von circa 90.000 Dollar nicht mehr weiter steigt. Es geht Epikur letztlich darum, dass wir unser Leben ins Gleichgewicht bringen, also um das, was wir heutzutage ‚Work Life Balance‘ nennen. So ziehen beispielsweise immer mehr Menschen einen Halbtagsjob einer Vollzeitbeschäftigung vor. Dies schränkt zwar ihre finanziellen Möglichkeiten spürbar ein, ermöglicht ihnen dafür aber mehr Freizeit- und Entfaltungsmöglichkeiten. Epikur formuliert das so:

Der größte Lohn der Selbstgenügsamkeit ist die Freiheit.[92]

Unterstützung und Bestätigung bekommt Epikur heutzutage auch von ganz anderer Seite. Seine These, dass die Freundschaft als vierte große Lustquelle nach Essen, Trinken und Sexualität, ein unterschätzter, aber in Wirklichkeit einer der wichtigen Bausteine für ein glückliches Leben ist, wird aus dem Bereich der Palliativmedizin bestätigt. Wenn Sterbende gefragt werden, was sie in ihrem Leben glücklich gemacht hat und was sie, wenn sie noch einmal von vorne beginnen könnten, anders machen würden, dann kommt an vorderster Stelle die Antwort, dass sie mehr Zeit mit ihren Freunden und Freundinnen verbringen würden. Epikur hat die existenzielle Bedeutung der Freundschaft bereits vor 2300 Jahren erkannt:

Von dem, was die Weisheit für die Glückseligkeit des gesamten Lebens bereitstellt, ist das weitaus Größte der Erwerb der Freundschaft.[93]

Es ging Epikur also keineswegs nur um die Primärbedürfnisse. Er hat sensibel und mit psychologischer Schärfe erkannt, was der Mensch für ein gutes Leben braucht, und auf was er in selbst gewählter Bescheidenheit verzichten sollte:

[...] alles Naturgemäße ist leicht zu beschaffen, das Unnütze aber schwer [...].[94]

Im Grunde brauchen wir für ein glückliches Leben nur Nahrung, Kleidung, Freunde und Philosophie.

Auch Kinder und Familie sind sehr wünschenswert, sind aber für Epikur nicht unbedingt notwendig. Ordnet man Epikur in die Philosophiegeschichte ein, dann fällt freilich auf, dass seine zentrale Botschaft nichts von dem großen Pathos anderer Philosophen hat. Weder verspricht er wie Platon die Teilhabe unserer Seelen am Reich der Ideen, noch stellt er den hohen moralischen Anspruch des kategorischen Imperativs eines Immanuel Kant.

Epikurs Botschaft enthält auch keinen Aufruf zur Weltrevolution wie die von Engels und Marx. Dafür aber ist sie von einer sympathischen Pragmatik:

Lachen soll man und zugleich philosophieren, seinen Haushalt führen, seine übrigen Fähigkeiten anwenden und niemals aufhören, die aus der Philosophie stammenden Lehrsätze zu verkünden.[95]

Und einer der wichtigsten Lehrsätze, die wir verkünden sollen, lautet:

Zu beherzigen gilt es, [...] was Glück verschafft;[96]

Liest man Epikurs Aufforderung, zu lachen, den Haushalt zu besorgen, Freundschaften zu pflegen, Philosophie und andere Talente zu entfalten, könnte man meinen, es ginge ihm um das sogenannte ‚Glück im Kleinen‘. Doch das greift zu kurz. In Epikurs Philosophie der Lust steckt weitaus mehr gesellschaftlicher Sprengstoff, als man im ersten Moment vielleicht annimmt. Wer nämlich im Sinne Epikurs bei seinen Entscheidungen stets beherzigt, was Glück verschafft, kann nicht mehr so einfach für Kriege, fremde Interessen oder schädliche Handlungen instrumentalisiert werden. Denn wenn wir mit Epikur gehen, verschieben wir nichts mehr auf ein späteres Leben. Wir leben sinnesfroh, schätzten die Freundschaft und sammeln jeden Tag aufs Neue unsere Erfahrungen im Hier und Jetzt:

So werden wir aus dem Leben gehen und mit einem schönen Preislied darauf jubeln: „Gut haben wir gelebt! [97]

# Zitatverzeichnis

1   Zitat, Epikur, Brief an Menoikeus, in: Briefe, Sprüche,
    Werkfragmente, übers. von Hans-Wolfgang Krautz, Reclam Verlag,
    Stuttgart 2019, S. 43, im Folgenden zitiert als „Brief an Menoikeus,
    in: Briefe, Sprüche, Werkfragmente"
2   Zitat, Epikur, Brief an Menoikeus, in: Briefe, Sprüche,
    Werkfragmente, S. 47
3   Zitat, Epikur, in: Diogenes Laertius, Leben und Meinungen berühmter
    Philosophen, übers. von Otto Apelt, Meiner Verlag, Hamburg 1967,
    Zehntes Buch, S. 225, im Folgenden zitiert als „Berühmte
    Philosophen"
4   Zitat, Epikur, Fragmente, in: Griechische Atomisten, Texte und
    Kommentare zum materialistischen Denken der Antike, hrsg. von
    Fritz Jürss et al., Reclam Verlag, Leipzig 1977, S. 313, im Folgenden
    zitiert als „Fragmente, in: Griechische Atomisten"
5   Zitat, Epikur, Briefe an Freunde und Verwandte, in: Briefe, Sprüche,
    Werkfragmente, übers. von Hans-Wolfgang Krautz, Reclam Verlag,
    Stuttgart 2019, S. 53, im Folgenden zitiert als „Briefe an Freunde und
    Verwandte, in: Briefe, Sprüche, Werkfragmente"
6   Zitat, Epikur, Fragmente, in: Epikur, Von der Überwindung der
    Furcht, übers. von Olaf Gigon, dtv/Artemis Verlag, München 1991,
    S. 164, im Folgenden zitiert als „Fragmente, in: Von der Überwindung
    der Furcht"
7   Zur Quellenlage: Epikur hat über dreihundert Bücher als Papyrus-
    schriften verfasst, von denen aber der weitaus größte Teil zerstört
    wurde oder verloren ging. Erhalten sind nur die drei Lehrbriefe an
    Herodot, Pytholkes und Menoikeus, ferner einige Fragmente und
    eine Sammlung von vierzig Hauptlehrsätzen. Seine Philosophie lässt
    sich zudem aus dem Gedicht „Von der Natur der Dinge" des römischen
    Schriftstellers Lukrez und den philosophischen Dialogen Ciceros
    erschließen, denen möglicherweise noch Originaltexte von Epikur
    vorlagen. Der antike Schriftsteller Diogenes Laertius hat Epikur in
    seiner zehnbändigen Buchreihe „Leben und Lehre der Philosophen"

sogar einen eigenen Band gewidmet. Ihm verdanken wir auch die Überlieferung der drei Briefe, der Hauptlehrsätze und eine Reihe weitere Zeugnisse von Epikur. 1888 wurde schließlich im Vatikan bei Ausgrabungen noch das sogenannte „Gnomologium Vaticanum Epicureum" entdeckt, eine Sammlung mit Zitaten von Epikur und seiner Schüler, auch als ‚Vatikanische Spruchsammlung' oder ‚Katechismus' bekannt.

8    Zitat, Epikur, Fragmente, in: Griechische Atomisten, S. 307 f.

9    Zitat, Epikur, Die Hauptlehrsätze, in: Griechische Atomisten, Texte und Kommentare zum materialistischen Denken der Antike, hrsg. von Fritz Jürss et al., Reclam Verlag, Leipzig 1977, S. 285, im Folgenden zitiert als „Hauptlehrsätze, in: Griechische Atomisten"

10   Zitat, Epikur, Weisungen, in: Briefe, Sprüche, Werkfragmente, übers. von Hans-Wolfgang Krautz, Reclam Verlag, Stuttgart 2019, S. 95, im Folgenden zitiert als „Weisungen, in: Briefe, Sprüche, Werkfragmente"

11   Zitat, Epikur, Die Hauptlehrsätze, in: Griechische Atomisten, S. 284

12   Zitat, Epikur, Brief an Menoikeus, in: Briefe, Sprüche, Werkfragmente, S. 49

13   Zitat Epikur, Vatikanische Spruchsammlung, in: Griechische Atomisten, Texte und Kommentare zum materialistischen Denken der Antike, hrsg. von Fritz Jürss et al., Reclam Verlag, Leipzig 1977, S. 308, im Folgenden zitiert als „Vatikanische Spruchsammlung, in: griechische Atomisten"

14   Zitat Epikur, Briefe an Freunde und Verwandte, in: Briefe, Sprüche, Werkfragmente, S. 53

15   Zitat Epikur, Vatikanische Spruchsammlung, in: Griechische Atomisten, S. 303

16   Zitat, Epikur, Spruchsammlung, in: Von der Überwindung der Furcht, übers. von Olaf Gigon, dtv/Artemis Verlag, München 1991, S. 110 f., im Folgenden zitiert als „Spruchsammlung, in: Von der Überwindung der Furcht"

17   Zitat, Epikur, Vatikanische Spruchsammlung, in: Griechische Atomisten, S. 295

18   Zitat, Epikur, ebenda S. 298

19   Zitat, Epikur, Spruchsammlung, in: Von der Überwindung der Furcht, S. 107

20   Zitat, Epikur, Fragmente, in: Von der Überwindung der Furcht, S. 166

21   Zitat, Epikur, Vatikanische Spruchsammlung, in: Griechische

Atomisten, S. 301

22  Zitat, Epikur, Vatikanische Spruchsammlung, in: Griechische
Atomisten, S. 296

23  Zitat, Epikur, ebenda

24  Zitat, Epikur, Brief an Menoikeus, in: Briefe, Sprüche,
Werkfragmente, S. 41

25  Zitat, Epikur, Vatikanische Spruchsammlung, in: Griechische
Atomisten, S. 301

26  Zitat, Epikur, Vatikanische Spruchsammlung, in: Griechische
Atomisten, S. 305

27  Zitat, Epikur, Brief an Menoikeus, in: Briefe, Sprüche,
Werkfragmente, S. 49

28  Zitat, Epikur, Epikurs Hauptlehren, in: Diogenes Laertius, Leben und
Meinungen berühmter Philosophen, übers. von Otto Apelt, Felix
Meinert Verlag, Hamburg 1967, S. 292

29  Zitat, Epikur, Fragmente, in: Von der Überwindung der Furcht, S. 162

30  Zitat, Epikur, Brief an Menoikeus, in: Berühmte Philosophen, S. 283

31  Zitat, Epikur, Weisungen, in: Briefe, Sprüche, Werkfragmente, S. 83 f.

32  Zitat, Epikur, Brief an Menoikeus, in: Epikur, Von der Überwindung
der Furcht, übers. von Olaf Gigon, dtv/Artemis Verlag, München
1991, S. 103 f., im Folgenden zitiert als „Brief an Menoikeus, in: Von
der Überwindung der Furcht"

33  Zitat, Epikur, Vatikanische Spruchsammlung, in: Griechische
Atomisten, S. 302

34  Zitat, Epikur, Berühmte Philosophen, S. 228

35  Zitat, Epikur, Weisungen, in: Briefe, Sprüche, Werkfragmente, S. 97

36  Zitat, Epikur, Vatikanische Spruchsammlung, in: Griechische
Atomisten, S. 298

37  Zitat, Epikur, Katechismus, in: Epikur, Von der Überwindung der
Furcht, übers. von Olaf Gigon, dtv/Artemis Verlag, München 1991,
S. 59, im Folgenden zitiert als „Katechismus, in: Von der Überwin
dung der Furcht"

38  Zitat, Epikur, Brief an Menoikeus, in: Briefe, Sprüche,
Werkfragmente, S. 49

39  Zitat, Epikur, Die Hauptlehrsätze, in: Griechische Atomisten. S. 284

40  Zitat, Epikur, ebenda

41  Zitat, Epikur, Brief an Herodot, in: Briefe, Sprüche, Werkfragmente,
übers. von Hans-Wolfgang Krautz, Reclam Verlag, Stuttgart 2019,

S. 39, im Folgenden zitiert als „Brief an Herodot, in: Briefe, Sprüche, Werkfragmente"

42  Zitat, Epikur, ebenda, S. 18 f.

43  Zitat, Epikur, ebenda, S. 27

44  Zitat, Epikur, ebenda, S. 8 f.

45  Zitat, Epikur, ebenda, S.11

46  Zitat, Epikur, ebenda, S. 27

47  Zitat, Epikur, Entscheidende Lehrsätze, in: Briefe, Sprüche, Werkfragmente, S. 69 f.

48  Zitat, Epikur, Brief an Herodot, in: Briefe, Sprüche, Werkfragmente, S. 37

49  Zitat, Epikur, Brief an Pythokles, in: Griechische Atomisten, S. 228 ff.

50  Zitat, Epikur, ebenda, S. 231 f.

51  Zitat, Epikur, Briefe an Freunde und Verwandte, in: Briefe, Sprüche, Werkfragmente, S. 43

52  Zitat, Epikur, Die Hauptlehrsätze, in: Griechische Atomisten, S. 284

53  Zitat, Epikur, Vatikanische Spruchsammlung, in: Griechische Atomisten, S. 303

54  Zitat, Epikur, überliefert durch Lucius Caelius Firmianus Lactantius, in: Lactantius, De ira Dei, Vom Zorn Gottes, lateinisch und deutsch, hrsg. v. Heinrich Kraft et al., Hermann Gentner Verlag, Darmstadt 1957, Kap 13.20 und 13.21, S. 47

55  Vgl. Carl-Friedrich Geyer, Epikur, Junius Verlag, Hamburg 2000, S. 129

56  Zitat, Epikur, Brief an Menoikeus, in: Briefe, Sprüche, Werkfragmente, S. 47

57  Zitat, Epikur, Katechismus, in: Von der Überwindung der Furcht, S. 62

58  Zitat, Epikur, ebenda

59  Zitat, Epikur, Weisungen, in: Briefe, Sprüche, Werkfragmente, S. 97

60  Zitat, Epikur, Katechismus, in: Von der Überwindung der Furcht, S. 64

61  Zitat, Epikur, ebenda

62  Zitat, Epikur, Spruchsammlung, in: Von der Überwindung der Furcht, S. 106 f.

63  Zitat, Nietzsche, in: Friedrich Nietzsche, Nachlaß 1875 – 1879, Kritische Studienausgabe KSA, Band 8, hrsg. von Giorgio Colli, Mazzino Montinari, Deutscher Taschenbuchverlag /de Gruyter, München 1999, 23[56], S. 423
In der antiken Philosophie, insbesondere bei Platon sieht Nietzsche

ein präexistentes Christentum. Dagegen sei Epikur, so Nietzsche, ein erster radikaler Gegner der Vorstellungen von Himmel, Hölle und Fegefeuer gewesen: In der Schrift Morgenröthe, § 72 schreibt er: „Das Christenthum fand die Vorstellung von Höllenstrafen im ganzen römischen Reiche vor […]. Epikur hatte […] nichts Grösseres zu thun geglaubt, als die Wurzeln dieses Glaubens auszureissen;" Zitat, Nietzsche, Morgenröte, § 72, in: Friedrich Nietzsche Kritische Studienausgabe KSA, Band 3, hrsg. von Giorgio Colli, Mazzino Montinari, Deutscher Taschenbuchverlag /de Gruyter, München 1999, S. 70 Nietzsches Verhältnis zu Epikur wandelte sich allerdings im Laufe der Zeit. Als bei Nietzsche zunehmend das Prinzip des Willens zur Macht wachsende Bedeutung bekam, bewertete er Epikurs Lehre nicht mehr so positiv, sondern als Ausdruck von Schwäche, Nachgiebigkeit und mangelnder Bereitschaft, sich gegen Widerstände durchzusetzen. Da Epikur das Streben nach Macht ablehne, sei er ein erster ‚typischer décadent'.

64    Vgl. Karl Marx, Differenz der demokritischen und epikureischen Naturphilosophie, Doktordissertation, Marx Engels Gesamtausgabe, erste Abteilung, Band 1/1, Frankfurt a. Main 1927

65    Zitat, Aristoteles, Nikomachische Ethik, übers. von Franz Dirlmeier, Fischer Verlag, Frankfurt a. Main 1957, X. Buch, Siebentes Kapitel, S. 207

66    Zitat, Epikur, Weisungen, in: Briefe, Sprüche, Werkfragmente, S. 83 f.

67    Zitat, Epikur, Brief an Menoikeus, in: Briefe, Sprüche, Werkfragmente, S. 43

68    Zitat, Epikur, Weisungen, in: Briefe, Sprüche, Werkfragmente, S. 93

69    Zitat, Epikur, Fragmente, in: Epikur, Von der Überwindung der Furcht, S. 167

70    Thomas Jefferson bezeichnete sich selbst in einem Brief vom 31. Oktober 1819 als „Epikureer". Die Lehre Epikurs enthalte, so Jefferson, bereits die Gesamtheit dessen, was in der antiken Moralphilosophie vernünftig und wichtig gewesen sei. In dem von Jefferson als Hauptautor verfassten Originaltext der amerikanischen Verfassung heißt es: "We hold these truths to be self-evident, that all men are created equal, that they are endowed by their Creator with certain unalienable Rights, that among these are Life, Liberty and the pursuit of Happiness." Auf deutsch: „Wir halten diese Wahrheiten für selbstverständlich, dass alle Menschen gleich geschaffen sind, dass sie von

ihrem Schöpfer mit bestimmten unveräußerlichen Rechten ausgestattet sind, darunter Leben, Freiheit und das Streben nach Glück."

71 Zitat, Epikur, Vatikanische Spruchsammlung, in: Griechische Atomisten, S. 294

72 Zitat, Epikur, Brief an Menoikeus, in: Briefe, Sprüche, Werkfragmente, S. 51

73 Zitat, Epikur, ebenda

74 Zitat, Epikur, ebenda

75 Zitat, Epikur, ebenda, S. 49

76 Zitat, Epikur, Fragmente, in: Griechische Atomisten, S. 310
Dieses Epikur zugeschriebene Zitat ist uns durch Cicero überliefert und von diesem unter Umständen nur sinngemäß wiedergegeben. Es entspricht aber Epikurs Vorstellung der Ataraxie.

77 Zitat, Epikur, Brief an Menoikeus, in: Briefe, Sprüche, Werkfragmente, S. 45

78 Zitat, Epikur, ebenda

79 Zitat, Epikur, ebenda

80 Zitat, Epikur, ebenda

81 Zitat, Epikur, ebenda

82 Zitat, Epikur, Fragmente, in: Griechische Atomisten, S. 310

83 Zitat, Epikur, Weisungen, in: Briefe, Sprüche, Werkfragmente, S. 81

84 Zitat, Epikur, Briefe an Freunde und Verwandte, in: Briefe, Sprüche, Werkfragmente, S. 53

85 Zitat, Epikur, Brief an Herodot, in: Briefe, Sprüche, Werkfragmente, S. 27

86 Zitat, Epikur, Weisungen, in: Briefe, Sprüche, Werkfragmente, S. 83

87 Zitat, Epikur, Brief an Menoikeus, in: Briefe, Sprüche, Werkfragmente, S. 47

88 Zitat, Epikur, ebenda. S. 49

89 Zitat, Epikur, Weisungen, in: Briefe, Sprüche, Werkfragmente, S. 87

90 Zitat, Epikur, entscheidende Lehrsätze, in: Briefe, Sprüche, Werkfragmente, S. 71

91 Andrew T. Jebb von der Purdue University hat mit weiteren beteiligten Wissenschaftlern 2018 herausgefunden, dass die langfristige Lebenszufriedenheit mit einem Haushaltseinkommen von 95.000 Dollar erreicht ist. Für das aktuelle emotionale Wohlbefinden liegt der Wert bereits bei 75.000 Dollar. Für die Studie wurden 1,7 Millionen Menschen aus 164 Ländern befragt. Der Ökonom Angus

Deaton und der Wirtschaftsnobelpreisträger Daniel Kahneman von der Princeton University kamen 2010 zu dem Ergebnis, dass ab einem Jahreseinkommen von 75.000 Dollar das Wohlbefinden nicht weiter ansteige. Die Forscher nehmen an, dass bei noch höheren Einkommen ein weiteres Wachstum der Lebensqualität durch Faktoren wie größeren Stress und längere Arbeitszeit verhindert wird.

Vgl. Philipp Nagels, So viel Geld brauchst du, um maximal glücklich zu sein, in: Welt, Veröffentlicht am 16.02.2018

92   Zitat, Epikur, Spruchsammlung, in: Überwindung der Furcht, S.113
93   Zitat, Epikur, entscheidende Lehrsätze, in: Briefe, Sprüche, Werkfragmente, S. 75
94   Zitat, Epikur, Brief an Menoikeus, in: Griechische Atomisten, S. 238
95   Zitat, Epikur, Weisungen, in: Briefe, Sprüche, Werkfragmente, S. 89
96   Zitat, Epikur, Brief an Menoikeus, in: Briefe, Sprüche, Werkfragmente, S. 43
97   Zitat, Epikur, Weisungen, in: Briefe, Sprüche, Werkfragmente, S. 91

# In dieser Reihe erschienen:

Walther Ziegler
**Adorno in 60 Minuten**
1. Auflage: Oktober 2017
96 Seiten, Paperback, € 9,99
ISBN 9783-7-4486-463-3

Walther Ziegler
**Arendt in 60 Minuten**
1. Auflage: August 2018
120 Seiten, Paperback, € 9,99
ISBN 9783-7-5288-843-0

Walther Ziegler
**Camus in 60 Minuten**
1. Auflage: April 2015
84 Seiten, Paperback, € 9,99
ISBN 978-3-7347-8170-4

Walther Ziegler
**Foucault in 60 Minuten**
1. Auflage: November 2019
136 Seiten, Paperback, € 9,99
ISBN 978-3-7504-1262-0

Walther Ziegler
**Freud in 60 Minuten**
1. Auflage: April 2015
96 Seiten, Paperback, € 9,99
ISBN 978-3-7347-8024-0

Walther Ziegler
**Habermas in 60 Minuten**
1. Auflage: März 2017
128 Seiten, Paperback, € 9,99
ISBN 978-3-7431-8732-0

Walther Ziegler
**Hegel in 60 Minuten**
1. Auflage: April 2015
128 Seiten, Paperback, € 9,99
ISBN 978-3-7347-8128-5

Walther Ziegler
**Heidegger in 60 Minuten**
1. Auflage: April 2015
108 Seiten, Paperback, € 9,99
ISBN 978-3-7347-8169-8

Walther Ziegler
**Hobbes in 60 Minuten**
1. Auflage: Januar 2019
84 Seiten, Paperback, € 9,99
ISBN 978-3-7481-0127-7

Walther Ziegler
**Kafka in 60 Minuten**
1. Auflage: April 2021
144 Seiten, Paperback, € 9,99
ISBN 9-783-7526-3979-7

Walther Ziegler
**Kant in 60 Minuten**
1. Auflage: April 2015
144 Seiten, Paperback, € 9,99
ISBN 978-3-7347-8172-8

Walther Ziegler
**Konfuzius in 60 Minuten**
1. Auflage: Dezember 2020
132 Seiten, Paperback, € 9,99
ISBN 9-783-7526-6975-6

Walther Ziegler
**Marx in 60 Minuten**
1. Auflage: April 2015
112 Seiten, Paperback, € 9,99
ISBN 978-3-7347-8154-4

Walther Ziegler
**Nietzsche in 60 Minuten**
1. Auflage: Oktober 2017
152 Seiten, Paperback, € 9,99
ISBN 978-3-7448-6482-4

Walther Ziegler
**Platon in 60 Minuten**
1. Auflage: April 2015
112 Seiten, Paperback, € 9,99
ISBN 978-3-7347-8158-2

Walther Ziegler
**Popper in 60 Minuten**
1. Auflage: November 2019
121 Seiten, Paperback, € 9,99
ISBN 978-3-7504-1241-5

Walther Ziegler
**Rawls in 60 Minuten**
1. Auflage: Januar 2019
104 Seiten, Paperback, € 9,99
ISBN 978-3-7528-4912-7

Walther Ziegler
**Rousseau in 60 Minuten**
1. Auflage: April 2015
112 Seiten, Paperback, € 9,99
ISBN 978-3-7347-2555-5

Walther Ziegler
**Sartre in 60 Minuten**
1. Auflage: April 2015
116 Seiten, Paperback, € 9,99
ISBN 978-3-7347-8156-8

Walther Ziegler
**Schopenhauer in 60 Minuten**
1. Auflage: Januar 2018
139 Seiten, Paperback, € 9,99
ISBN 978-3-7448-6463-3

Walther Ziegler
**Smith in 60 Minuten**
1. Auflage: April 2015
100 Seiten, Paperback, € 9,99
ISBN 978-3-7347-8157-5

Walther Ziegler
**Wittgenstein in 60 Minuten**
1. Auflage: April 2018
116 Seiten, Paperback, € 9,99
ISBN 978-3-7460-8226-4

Walther Ziegler
**Buddha in 60 Minuten**
1. Auflage: Juli 2021
148 Seiten, Paperback, € 9,99
ISBN 978-3-7543-1666-5

Walther Ziegler
**Epikur in 60 Minuten**
1. Auflage: Oktober 2021
108 Seiten, Paperback, € 9,99
ISBN 978-3-7543-5138-3

## Der Autor:

Dr. Walther Ziegler hat Philosophie, Geschichte und Politik studiert. Als Auslandskorrespondent, Reporter und Nachrichtenchef des Fernsehsenders ProSieben produzierte er Filme auf allen Kontinenten. Seine Reportagen wurden mehrfach preisgekrönt. Von 2007 bis 2016 bildete er in München junge TV-Journalisten aus und leitete eine University of Applied Sciences für Film- und Fernsehstudiengänge. Er ist zugleich Autor zahlreicher philosophischer Bücher. Als langjährigem Journalisten gelingt es ihm, das komplexe Wissen der großen Philosophen spannend und verständlich darzustellen.